LA VERDADERA ESCUELA ES LA VIDA

Horas de enseñanza de Gabriele,
la profeta y enviada de Dios
en nuestro tiempo

Tomo 2

La Palabra Eterna,
el Dios Único, el Espíritu Libre,
habla a través de Gabriele,
al igual que a través de todos
los profetas de Dios:
Abrahán, Job, Moisés, Elías, Isaías,
Jesús de Nazaret,
el Cristo de Dios

La verdadera escuela es la vida

Horas de enseñanza de Gabriele, la profeta y enviada de Dios en nuestro tiempo

Tomo 2

Editorial Gabriele
La Palabra

La verdadera escuela es la vida
Horas de enseñanza de Gabriele,
la profeta y enviada de Dios
en nuestro tiempo
Tomo 2

1ª edición, octubre de 2024

Max-Braun-Str. 2, 97828 Marktheidenfeld, Alemania
www.editorialgabriele.com

Traducción autorizada por
la Editorial Gabriele-Verlag Das Wort GmbH

Título del original en alemán:
»Die wahre Schule ist das Leben – Band 2«

En todas las cuestiones relativas al sentido,
la edición original en alemán tiene validez última

Nro. de pedido: S553TBesPOD

ISBN 978-3-96446-588-7

Índice

Prólogo

«YO SOY EL QUE SOY» *–así habla el Eterno Uno Universal, a quien los seres humanos llamamos «Dios» o «Alá» o «Yahvé». Él es el Creador y Dador de toda vida, el Espíritu del infinito –el Espíritu Libre que no conoce religiones. Él es el amor originario del que hemos surgido nosotros. Los seres humanos somos seres espirituales en lo más profundo de nuestro SER, porque Dios nos ha visualizado y creado como seres de Él: Espíritu de Su Espíritu, imagen fiel de nuestro Padre celestial, cuyo Hogar eterno es el Reino de Dios.*

Lo sabemos porque Él se nos manifiesta hoy de nuevo a través de Su profeta y enviada en nuestro tiempo, Gabriele. Por amor a Sus hijos e hijas Dios, nuestro Padre eterno, ha enviado en todos los tiempos a Sus hombres y mujeres profetas de Dios a nosotros en la Tierra. Eran y son hombres y mujeres que vienen por encargo Suyo y que pueden traducir el lenguaje de luz del Espíritu Libre por así decirlo a nuestras palabras humanas –desde Abrahán hace unos 4000 años hasta Gabriele hoy.

A lo largo de todos los milenios, Dios, nuestro Padre eterno, llama una y otra vez a través de Sus hombres y mujeres profetas a todos los seres humanos y almas para que regresen a la casa del Padre eterno, fuera de este mundo donde no hay paz, a Él, al Reino Eterno, donde cada alma tiene su origen.

La Palabra Eterna del Reino de Dios es la Palabra del Espíritu Libre: Dios en nosotros y nosotros en Dios –sin religión que separa, sin sacerdotes, dogmas, cultos y rituales. Nos muestra el camino hacia una vida pacífica en unidad con todo lo que existe, con el ser humano, la naturaleza y los animales. Es el camino del amor a Dios y al prójimo que lleva a todas las almas de regreso a casa, porque ninguna persona, ningún alma está perdida.

A través de Gabriele, la profeta de enseñanza de Dios en nuestro tiempo, se manifiesta Dios-Padre, el Creador del universo; se manifiesta el Cristo de Dios, el Corregente del Reino de Dios, y el querubín de la Sabiduría divina.

A lo largo de las casi cinco décadas de labor profética de Gabriele, los seres humanos hemos recibido un auténtico tesoro de manifestaciones divinas:

conocimientos sin precedentes sobre las grandes relaciones cósmicas de la vida, es más, sobre el origen y la estructura del eterno SER así como la formación de nuestra alma; respuestas a los grandes interrogantes de la humanidad; la verdad sobre la vida de Jesús de Nazaret, sobre Sus enseñanzas y el significado de Su acto redentor; así como innumerables consejos y ayudas para todos los ámbitos de la vida, pero también reiteradas advertencias y amonestaciones.

Gabriele también enseña como enviada de Dios, como nuestra hermana que muestra con su vida las leyes divinas y nos las trae desde su consciencia desarrollada con sus palabras –en innumerables horas de enseñanza, seminarios y cursos de formación. Ella nos da a conocer las enseñanzas del Cristo de Dios, con consejos prácticos sobre cómo podemos aplicarlas paso a paso en nuestra vida cotidiana. En los seminarios y cursos de formación, los participantes pudieron aportar sus preguntas y experiencias, y esto también dio lugar a conversaciones con Gabriele, en las que ella no solo dio una ayuda tras otra a los participantes, sino para todas las personas, en un amplio espectro, siempre cercano a la vida y con una profundidad que toca el alma en lo más profundo.

Las palabras de Gabriele son guías para la vida verdadera, dadas desde la Sabiduría divina y desde su amor a Dios y al prójimo, con todo su corazón y mucha comprensión y paciencia. Las muchas lecciones divino-espirituales y conversaciones con la profeta de Dios, Gabriele, han dado como resultado esta serie de libros para todos aquellos que quieran aprender para su vida –y para el Nuevo Tiempo, que ya ha comenzado.

Muchas personas ya perciben que se está produciendo un cambio, que de hecho debe producirse, porque aunque lo negativo siga desmandándose en este momento, este mundo, tal como es, con todos los excesos del ego en el Estado, la economía, la religión y la sociedad, está sujeto a la ley de Causa y efecto y, por lo tanto, está en vías de desaparecer.

Muy gradualmente está alboreando el Nuevo Tiempo, la Era mesiánica, sofiánica de paz, con seres humanos que hacen de la Ley del amor a Dios y al prójimo la base de sus vidas, sin religiones ni administradores religiosos. Son personas del Espíritu Libre: Dios en nosotros y nosotros en Dios.

Editorial Gabriele - La Palabra

Quien realiza,
trae valores espirituales
y obras espirituales a este mundo.
Es quien piensa con el corazón,
que da desde la luz de la vida.
Vive de forma justa, pues sabe
que Dios ve en el corazón
de cada cual.

(De la manifestación de Cristo
«Las Grandes Enseñanzas Cósmicas
de Jesús de Nazaret»)

El seminario de la vida con Gabriele. Uno ayuda al otro

Del seminario homónimo de Gabriele en el año 2002

Así como ocurre desde hace milenios, los seres humanos intentan también hoy en día mejorar el clima de nuestro mundo mediante reformas externas, lo que se manifiesta en egoísmo, crueldad, hostilidad, intolerancia y agravios como violencia, miseria, pobreza, hambre, en aprovecharse de los demás, en explotación, corrupción y otras cosas más. Hablan de «innovaciones sociales», lanzan lemas esperanzadores y confían en las «mentes inteligentes» para convertir el proyecto social en un pilar de la nueva visión del mundo. Prometen una vida mejor: mayor calidad de vida, prosperidad y bienestar; en resumen, una ganancia de vida.

Si consideramos la actualidad, la visión actual del mundo y el clima de este mundo, tenemos que reconocer que en gran parte se ha tratado de promesas vacías y de que nada, absolutamente nada, ha tenido un valor duradero. Tenemos que ver y experimentar que las reformas externas y las muchas promesas grandiosas no aportaron nada.

Hubo muchas reformas. Y muchas cosas cambiaron, de hecho casi todo en este mundo, a saber: Las escaladas, la inflación y las situaciones penosas, por ejemplo también en relación con los valores éticos y morales, se hicieron y se hacen cada vez más extremas. Incluso los más ingenuos ya no pueden evitar la angustiosa pregunta: ¿Adónde nos llevará todo esto?

¿Ha fracasado la humanidad?

¿Ha vivido de forma superficial?

¿Ha ignorado algo esencial?

La clara respuesta es: Sí.

La humanidad ha ignorado lo más esencial de todo: a Jesús, el Cristo. Él vino hace 2000 años para traernos a los seres humanos el camino, la verdad y la vida –una reforma sin igual. Y estando Él aún en la cruz, abrió el camino de regreso al Hogar eterno para la humanidad a través del vertimiento de Su potencial de fuerza de luz –la salvación y el rescate para todos, la fuerza de la Redención.

¿Qué pasó con la reforma interna iniciada por el gran reformador interno, Cristo? Aunque muchas personas se llaman a sí mismas «cristianas», y una parte considerable de países de esta Tierra se denomina «Occidente cristiano», el «Occidente cristiano» ha olvidado al reformador interno. La enseñanza de Jesús, el Cristo, no solo ha sido ignorada, sino que ha sido y sigue siendo pisoteada por muchos de los llamados cristianos.

Pero ahora ha llegado el momento en que la situación está cambiando. Inspirada por la poderosa influencia cósmica del Sol divino universal, la reforma universal del camino de Cristo se abre paso sin que de ello se den cuenta los muchos que se han apegado ciegamente al mundo y que siguen buscando la salvación en lo externo.

El reformador interno, el Espíritu del Cristo de Dios, está siendo considerado hoy más que nunca –por aquellos que han aprendido a ver y comprender, que ya no se aferran a reformas externas, a personas que creen que todo debe ser cambiado desde el exterior. El caos mundial y las catástrofes de la naturaleza han hecho que mucha gente se dé cuenta de que el sueño de un orden mundial estable o incluso justo y de prosperidad para todos ha terminado. El mundo como tal, impregnado de materialismo, egoísmo, afán de poder y codicia de beneficios, no puede instaurar un orden duradero ni crear valores al servicio del bienestar de todos, porque carece verdaderamente de lo esencial: de la fuerza que viene de Dios, que Jesús encarnó y que es la vida.

Creámoslo o no, es así: El reformador interno, Jesús, el Cristo, se está acercando. Poco a poco, sin tocar el libre albedrío de las personas, está llevando a cabo la renovación interior. Él es el salvador de las personas que se dejan salvar.

Sí, el reformador divino está llevando a cabo la transformación en y sobre la Tierra. El gran paso evolutivo cósmico hacia la espiritualidad superior, hacia la era de la luz, también llamada Reino de Dios en la Tierra –que el cristianismo pide en el Padre Nuestro– está a punto de producirse. Cualquiera que lo desee puede seguir a Jesús, el Cristo. Quien se aplique a Sus enseñanzas, cumpliéndolas paso a paso, encontrará en sí mismo la sabiduría divina que todo lo sabe y que dirige todo hacia el bien, si la persona está dispuesta.

La creencia de que los políticos, los científicos, los economistas y los representantes de la Iglesia pueden conducirnos a las alturas de la vida cósmica, a la prosperidad, a la alegría de vivir y felicidad, para bien o para mal tenemos que abandonarla. La ignorancia de los postillones mundanos, incluidos los representantes eclesiásticos, aún tiene atrapadas a las masas apáticas. Si no despiertan pronto, seguirán siendo oyentes y seguidoras de las autoridades eclesiásticas y seculares. Acoquinadas siguen creyendo ciegamente en las palabras sobre una ganancia de vida orientada hacia el futuro, a pesar de que todo el mundo ve, oye y experimenta que cada vez son más las personas que caen en una dependencia social cada vez mayor, en la pobreza, el miedo, el estrés y la desesperación. Debido a este dilema de resignación humana, el uno y el otro se plantea la pregunta: ¿Qué tengo yo de mi vida?

Hay que reconocer que muchas personas se refieren a su existencia terrenal como «su vida».

La palabra «vida» se ha convertido en un término general por el que todo el mundo entiende aquello por lo que personalmente considera que merece la pena esforzarse.

La mayoría de los seres humanos quieren ganar la «vida» para sí mismos. Muchos comparan la «vida» con un juego de lotería en el que gana quien saca el boleto correcto. El uno piensa que el boleto correcto en la vida es la salud; para otro, «vida» significa poder disfrutar de todo lo que le resulta agradable y útil. El otro piensa que basta con apostar por el caballo adecuado para adquirir mucho dinero y propiedades en la vida. Algunos quieren gozar de la libertad de la «vida», entendiendo por libertad que cada uno pueda hacer lo que quiera, pero sin consecuencias.

Hay muchos conceptos, puntos de vista y deseos que se asocian a la palabra «vida». Si resumimos todo lo que se refiere a la palabra «vida», el observador sensible se hace la siguiente pregunta: ¿Ofrece este mundo «la vida» a los habitantes de la Tierra? ¿Es que la existencia en este mundo con todos sus procesos es «la vida»?

Si todo el mundo se toma la libertad de «vivir» como quiera, ¿por qué hay tanta gente infeliz? ¿O es que son felices todos los que pueden satisfacer sus deseos y también lo hacen? ¿Son más felices los muchos ricos de nuestro mundo que la clase media o los pobres? ¿Es que su existencia está llena de lo que ellos llaman «vida»? ¿Y de dónde puede venir la ayuda? ¿Qué pueden ofrecer a la humanidad los políticos, los científicos, los médicos, los teólogos, los representantes de las Iglesias ricas y por último los ricos de todo el mundo para que la honradez, la sinceridad, la satisfacción, la felicidad y el ser feliz tengan futuro y lo aseguren?

Quien investigue con más profundidad, llega tal vez a la pregunta clave: ¿Qué es en realidad la vida? ¿Qué significaron y significan las palabras pronunciadas por Jesús de Nazaret: *«Yo Soy el camino, la verdad y la vida»?*

La existencia en el mundo no es la vida. Tampoco el mundo mismo es la vida.

Lo que llamamos mundo no debe confundirse con la Tierra. El planeta Tierra alberga en sí la radiación divina, el poder divino, la vida. El mundo, por decirlo así, ha sido injertado en la Tierra por los seres humanos –él no es la Tierra.

Todos los días los medios de comunicación informan sobre desastres naturales, sufrimiento y hambre, epidemias y enfermedades en este mundo. Se habla de corrupción, de aumento del desempleo, de abusos y maltratos a menores, de prostitución con niños, de trabajo infantil e incluso de pederastia en el caso de pastores y sacerdotes. Leemos, vemos y oímos informes sobre el indecible sufrimiento de los animales en bosques y campos, en granjas de engorde, en mataderos y también sobre cómo les va a los animales en los laboratorios de pruebas.

Estas noticias espantosas no cesan, sino todo lo contrario: Los informes alarmantes aumentan año tras año. La mayoría de la gente apenas piensa hacia dónde se dirige el barco del mundo. La mayoría no se pregunta dónde acabará esto ni quién es el capitán.

La conciencia de muchas personas está cada vez más embotada y su falta de conciencia está degenerando en una creciente brutalidad contra personas, animales y la naturaleza. Miedo, afán de lucro, poder y fuerza propulsora están alimentando el mal en nuestro mundo, lo que se está convirtiendo en un espectro que causa estragos en todos los países. Todos están contra todos. Uno quiere causar sensación con discursos grandilocuentes que no se basan más que en revalorizarse a sí mismo. El otro, que da rienda suelta a su brutalidad, no se detiene ante el asesinato y el homicidio. Y el que dentro de la multitud de la valorización humana no puede participar porque es «solo» un hombre del pueblo, se embriaga con alcohol o drogas.

En el ámbito del trabajo se asierra la pata de la silla de un colega para ascender en la escalera del éxito; o el colega es desacreditado ante el jefe para escapar a un posible despido. El siguiente corre de un médico a otro para tener la enfermedad bajo control y poder seguir saboreando «la vida».

Los jóvenes, que se sienten inseguros y desconcertados, buscan el placer «tanto tiempo como sea posible». Muchas personas mayores corren a la iglesia para implorar al «buen Dios» que intervenga, que elimine el mal mundial y detenga la caída en la inseguridad, en el desempleo, en la miseria, en la penuria, en la enfermedad y la muerte.

Las cosas también son caóticas entre los llamados líderes del pueblo. La corrupción está a la orden del día; una mano lava la otra. Engañar al cónyuge pronto dejará de ser algo especial, y la ola de divorcios se extiende desde las casas reales hasta los políticos e incluso al llamado hombrecillo humilde. Ni siquiera los «beatos», los pastores y los sacerdotes, tienen escrúpulos para cometer delitos sexuales. Cada cual quiere un trozo o una porción del ya podrido pastel del mundo, porque ¿qué más se puede obtener de la «vida»?

En los países prósperos, los platos siguen llenos de comida. ¿Y qué hay en el plato? Un trozo de carne de un animal que ha sido alimentado por el molino de basura de la codicia humana y que puede provocar más de una enfermedad en el cuerpo humano.

Cada uno busca más o menos un beneficio. Los responsables políticos y empresariales se reparten millones. Estafar se eleva a la categoría de privilegio. Al fin y al cabo, la gente quiere «vivir». A la mayoría no le importa si las personas, los animales, la naturaleza o la Tierra en conjunto sufren por ello; todos luchan contra todos para lograr una buena tajada de «vida». La cuadriga de lo humano –«soy mi propio prójimo»– no quiere otra cosa que ganar una cantidad considerable de vida para ser el primero y el mejor en ganar la carrera. El beneficio, que no se basa en otra cosa que en la explotación brutal de las empresas, de las personas y de la naturaleza, es entonces tener «la suerte asegurada», lo que se supone que debería hacer feliz.

La decadencia moral, el desmoronamiento de todos los valores éticos y morales, no se detiene ni siquiera ante la palabra «cristianismo». La mayoría de la gente está pescando en aguas turbulentas, aunque la mayoría de la población en Occidente se llame a sí misma «cristiana». Los titulares de cargo de las instituciones eclesiásticas, a las que todavía pertenecen muchas personas, no pueden darles a estas una respuesta vinculante y útil a su búsqueda de alegría de vivir, paz y felicidad. A sus creyentes no les ofrecen el pan de la vida, sino solo la limosnera y el cepillo de la Iglesia.

Todo ser humano está de peregrinaje por esta Tierra y, lo queramos oír o no, todo paso por la Tierra llega a su fin. Lo que hemos adquirido en dinero y bienes no podemos llevarlo con nosotros al pasar por el umbral de la muerte. El ser humano está en la Tierra para adquirir los talentos para la vida eterna, para el Reino de Dios, que han de lograrse en el fondo del alma y que son la igualdad, la libertad, la unidad, la fraternidad y la justicia.

Lo que recubre esta meta de la vida es a menudo una pesada «mochila». Su contenido es múltiple: corrupción, pasiones, deseos, anhelos, odio, envidia, enemistad, lujuria, robo, asesinato, homicidio, explotación y mucho más. No pasará mucho tiempo antes de que sea de «buen tono» que una persona se aproveche de otra. Quien se sume a esta actitud de pelear y acuchillar es objeto de un espejismo si habla de «valores cristianos».

Cualquier observador despierto debería darse cuenta de ello: Un mundo con las condiciones que acabamos de describir es irreparable. Este mundo y la Tierra ya no pueden considerarse como una unidad. Año tras año, el barco «mundo» se hunde cada vez más. La Tierra es el planeta que Dios dio a la humanidad –el mundo es el producto de los seres humanos, que con seguridad no es la vida. Las personas de este tiempo tienen su propio lenguaje contemporáneo.

Hoy ya se habla de desesperanza; los valientes sugieren que hay que remar –pero ¿hacia dónde si no se conoce el destino? Las personas que no han ignorado por completo las enseñanzas de Jesús, el Cristo, llegan a la conclusión de que este mundo solo puede salvarse mediante la reparación y haciendo el bien. Sin embargo, aquel que no quiere escuchar el significado de esta afirmación y no quiere entenderla, continúa desahogándose y teniendo un efecto destructivo en la Tierra con su modo de pensar y actuar.

Pero hay una cosa que debemos tener en claro: No es el planeta Tierra el que está sujeto a las consecuencias de la maldad humana, sino que lo es este mundo codicioso, egoísta y belicoso en el que unos están contra otros; este mundo perecerá.

Cada vez se oye con más frecuencia: Los acontecimientos negativos se dan la mano, las cosas van cada vez más rápido cuesta abajo debido a todo lo que va contra la vida. ¿Por qué? Tomemos consciencia de que ninguna energía se pierde. Cada pensamiento, cada palabra, cada acción es energía y busca lo similar para hacerse más fuerte y poderoso. Estos potenciales de poder energético de ignorancia exclusivamente humana, es decir, del ego puro, se acumulan primero en una capa atmosférica en la que se almacena gran parte de la historia humana. Una vez lleno este almacén, todo lo negativo que se ha introducido en él, que son entonces causas, vuelve cada vez más rápidamente a los causantes como efectos. Este mundo refleja el contenido de esta llamada crónica atmosférica, que está llena a rebosar, de modo que los efectos llegan a los seres humanos con cada vez más rapidez. Y por encima de este potencial atmosférico de causas fluye la fuerza del Cristo de Dios, que llevará a cabo la transformación de todo lo negativo en la Tierra de acuerdo con las férreas leyes cíclicas universales-cósmicas.

Cuando los científicos informan que la Tierra se está calentando globalmente, o que hace tiempo que debería haberse producido la reversión o salto de los polos, o de que los mares están subiendo y que enormes incendios en los bosques, que son los pulmones de la Tierra, están contribuyendo a cambiar el clima, que innumerables especies animales están desapareciendo y mucho más, esto nos dice que la Tierra está a punto de liberarse de la fruslería humana. Aunque hay advertencias tras advertencias, el carrusel del ego gira cada vez más rápido; cada año el mundo se vuelve más y más oscuro. Todo esto solo puede conducir a un colapso de la Tierra, con lo que la humanidad cosechará lo que ha sembrado.

Realmente ha llegado el momento de que muchas personas más reconozcan que la vida no se encuentra fuera de ellas, sino que les espera dentro de sí mismas. El reformador interno, Cristo, muestra el camino, y Su fuerza es el camino para llegar allí.

La vida interna es el elemento en el que nuestro propio ser interior quiere volver a vivir y moverse alegremente como un pez en el agua.

La mayoría de las personas en el mundo son como el pez en el anzuelo, que se retuerce y retuerce porque ha sido arrebatado de su elemento, el agua. Su destino es la muerte. Acaba en los platos de una sociedad que solo pretende disfrutar de la «vida» que ofrece este mundo ocupado de cosas superficiales externas.

Por desgracia, pocas personas piensan en el hecho de que conforman su propia vida a través del contenido de sus pensamientos y de su comportamiento. Cada cual se forja su propia suerte, porque cada cual da a su «vida» una nota individual según sean sus pensamientos, palabras y actos. Por tanto, los seres humanos nos caracterizamos por nuestra forma de pensar.

Los jóvenes tienen pensamientos, deseos e ideas completamente diferentes sobre cómo debería ser su «vida» en comparación, por ejemplo, con personas de mediana edad. Para los «peces en el anzuelo», «vida» significa: éxito en el trabajo, «libertad», disfrutar de las vacaciones, tener una familia y ser adinerados.

Las personas mayores tienen por su parte ideas diferentes sobre la vida. En la mayoría de los casos suelen considerar su «vida» en forma retrospectiva. No pocos se preguntan: ¿Ha sido feliz mi «vida»? ¿He «vivido»? ¿Estoy satisfecho? ¿Fue provechosa la vida terrenal, y sigue siendo ventajosa hoy? ¿O bien, cómo puedo, como persona mayor, recuperar todavía algo de lo que me he perdido en los últimos años? Estas consideraciones a menudo se reducen a la pregunta: ¿Dónde puedo encontrar a la persona que estará a mi lado para ayudarme a recuperar o conseguir lo que me hace equilibrado y feliz?

Muy pocas personas se preguntan si su existencia estuvo y está llena de sol, si están unidas al Espíritu de la vida que quiere hacer felices a todos. La persona mayor se pregunta rara vez si su existencia, a la que califica de «vida», fue una existencia libre, pacífica y feliz. O tal vez si solo fueron breves momentos de felicidad que pronto se redujeron a decepción, amargura y sufrimiento. Muy pocos se preguntan por qué es así. Muchos quieren recuperar a toda costa lo que creen haberse perdido. Pero eso ya no se puede recuperar, porque el pasado no es el estribo para los deseos del futuro.

La imagen de nuestro pasado es el sello de nuestra alma y también el sello en nuestro cuerpo y dentro de él.

Todo ser humano quiere ser feliz. Por eso retomo las preguntas que ya se han formulado y las amplío con otras más:

¿Son felices los jóvenes? ¿Están contentos?

¿Perdura lo que la gente llama felicidad?

¿Las personas de mediana edad son felices desde dentro y están en armonía con la vida?

¿Es feliz la persona mayor? ¿Están sus días iluminados por la vida?

¿Está ella contenta y descansa interiormente?

La mayoría de las personas dan una imagen triste de su «vida». ¿Por qué es así?

A muchas personas les falta la propia sustancia espiritual de la vida. Pero esta no nos cae del cielo ni nos la puede dar uno de nuestros semejantes, aunque a menudo lo esperamos con porfía o lo exijamos de él.

La sustancia de la vida crece únicamente desde nuestro propio interior. Ella viene de la vida interna que cada uno despierta y desarrolla cada vez más tornándose activo en el cumplimiento paulatino de los Mandamientos de Dios y de las enseñanzas de Jesús de Nazaret. De ello resulta la verdadera ganancia de vida, un elevado ánimo de contento interno, de acogimiento que nos colma y hace felices, que nos motiva a entrar en acción y a comportarnos bien, y que irradia en todo lo que pensamos, decimos y hacemos. Eso es vida activa, donante en el Espíritu del Cristo de Dios que nos hace ricos, libres y felices en el corazón.

La vida es el fluir y actuar de la energía divina; por eso la vida es activa y creadora; la vida es dar y conduce a la unidad. Quien se aparta de esta corriente vital en su forma de pensar y querer egocéntrica y externa es pobre de corazón y energía. Tanto más esta persona desea aún con más ahínco la felicidad, la que como cree le tendría que llegar de afuera.

Muchas personas entienden bajo felicidad o ser felices la complacencia externa de los demás. Esta idea es, sin embargo, solo un modo humano de ver la felicidad o de ser feliz, una proyección de contenidos de deseos: felicidad mediante energías humanas procedentes de otros. Si se produce un intercambio tal de energías humanas, esto es solo un breve vuelo de altura, un centelleo, visto energéticamente igual que un cortocircuito.

Muchas, muchísimas personas se satisfacen con estos cortocircuitos. Mantienen sus «antenas» constantemente orientadas hacia el exterior, con la intención de recibir desde allí, de sus semejantes, energía en forma de atención, consejos, confirmación, estímulo, halagos, donaciones y por último «amor». No se les puede estimular con nada, con absolutamente nada. El lema de su subconsciente es: No hay nada que me pueda hacer feliz. Permanecen siendo infelices, porque están convencidas de que otros tienen que llenar su existencia.

Se dejan ir y con el correr del tiempo se sienten bien en sus pensamientos descuidados. La consecuencia es que personifican también exteriormente la calidad de sus pensamientos. Debido a que les falta energía anímica y corporal, su horizonte de consciencia se estrecha más y más. Se tornan letárgicas y giran invariablemente alrededor de sus propios asuntos.

Quien no reconozca y enmiende de por sí esta actitud pasiva suya, permanecerá siendo una persona dependiente, egoísta, pobre de energía, inestable, cuya sonda acústica subconsciente palpa e intercepta incesantemente su entorno, para captar si de uno o de otro de sus semejantes sería posible extraer, obtener con halagos o quitar, aunque sea con amenazas, una porción de energía. La indiferencia y pereza ante sí mismo y sus semejantes, en última instancia su bajo nivel de energía, conducen a un vehemente menosprecio de sus semejantes. Un síntoma característico de los letárgicos es que critican permanentemente a otros, de cómo estos tendrían que hacerlo mejor, que en este y aquel punto de vista o asunto son descalificados, muy limitados y otras cosas más. Estas personas lo saben todo mejor. Si se les pregunta por qué ellas no lo hacen mejor, se recibe un torrente de reproches sobre cómo este «imposible individuo» se puede permitir en realidad hacer tales preguntas, este «ostentoso de poder» engreído, despótico, etc. La última frase de esta campaña de recriminaciones dice más o menos: «¿Crees tal vez que tú eres mejor que los demás? ¡Hazlo entonces tú mejor!». –Pausa.

El sabelotodo tiene ahora otra vez un tema de conversación. Tanto entre sus semejantes como también en el lugar de trabajo se discute sobre el «sabihondo». Se busca y se encuentra esto y lo otro que se le puede añadir al testigo, y a sí mismo él se coloca el emblema del desquite, en el que dice:

«¡A este sí que se lo devolví como se lo merecía!». Así continúa día por día en esta jerga del ego.

Esta es la enseñanza y el orgullo del llamado «Occidente cristiano»: Devuélvele a cada uno de inmediato todo con la misma moneda, y colócalo en la picota. Así demuestras «fortaleza».

Jesús, el Cristo, nos enseñó a los seres humanos algo muy diferente. Con Su vida Él nos dio el ejemplo de respetar al prójimo, de tratarlo con bondad y comprensión y mantener la paz con él. Jesús, el Cristo, habló de la fe activa, de la energía en Su Espíritu: *Quien escuche estas Mis palabras y actúe de acuerdo a ellas, es como un hombre sabio que construyó su casa sobre roca.*

La mayoría de los seres humanos solo exige y espera. Muy pocos creen que lo que les hace verdaderamente felices, ya lo tienen en sí mismos. ¿Por qué es así?

La vida interna que florece a través de los valores interiores es lejana y extraña para la mayoría de la gente –son los valores internos del Reino de Dios dentro de nosotros, que Jesús, el Cristo, trajo, enseñó y ejemplificó. Por lo tanto, esto suele tener poco «atractivo». Uno no se puede imaginar que la felicidad pueda encontrarse allí, o esté tan cerca. Por eso, se prefiere recurrir a las ofertas de una vida externa ilusoria.

Dios y lo divino, la vida que Cristo quiere despertar en cada uno de nosotros para hacernos felices, ha sido descreditada profundamente en los últimos 2000 años. Para decirlo aún más claramente: los seres humanos hemos sido engañados respecto de la vida que es nuestra verdadera vida y, en última instancia, nuestra felicidad. ¿Y quién lo ha hecho?

Debido a la falsa imagen que las instituciones llamadas Iglesias han dado y siguen dando del cristianismo, el llamado «cristianismo» es una superstición pagana que no tiene raíces en Cristo. La época actual y la futura aprenderán, de hecho deben aprender, que los pueblos de Occidente han apostado por el caballo equivocado que se llama: Institución eclesiástica.

Quien desee salir del desastre general de la ignorancia o del dilema personal de la prosperidad aparente, tiene que aprender a pensar de otra manera. Las fuerzas que dan ayuda, solución, sanación, salud y ganancia de vida no están ancladas ni en el Estado ni en las instituciones eclesiásticas, ni tampoco en la ciencia ni en la economía. Sin embargo, están en cada uno de nosotros. Ellas empiezan a actuar si modificamos nuestro modo de pensar, de hablar y actuar, o sea nuestro comportamiento, tomando consciencia de los verdaderos valores cristianos que recibimos de Dios en los Diez Mandamientos dados a través de Moisés y de Cristo en Su Sermón de la Montaña. Estos nos son indicadores del camino hacia una vida plena, apacible, libre, desde el interior cada vez más soleada y por tanto feliz.

Todo lo que los políticos, científicos y economistas nos quieran prometer, ya no sirve de nada en nuestro tiempo. La masa ignorante se apoya en maestros mundanos ignorantes, de modo que se puede decir: Los ciegos guían a los ciegos, y ambos caen en la fosa.

Cada cual forja su propio destino. No tenemos que esperar, no nos tenemos que hacer dependientes de si el otro tiene buenas intenciones con nosotros; de si el patrono nos sigue dando trabajo; de si el cirujano aplica el bisturí con precisión en nuestro cuerpo y con la operación saca debidamente el órgano enfermo; de si la pareja nos ama a pesar de las adversidades; de si seguimos teniendo mala suerte y muchas cosas más. ¡Depende de nosotros el alimentar el optimismo para experimentar lo que es la ganancia de vida! No necesitamos esperar hasta que otros se muestren bienintencionados con nosotros.

Empieza hoy y ahora a pensar de otra manera, y comenzarás enseguida a ser otro.

Reglas de enseñanza para reflexionar

Reflexionar sobre las siguientes reglas de enseñanza aporta el primer beneficio:

Pensar y actuar según la voluntad de Dios hace a los demás felices y esperanzados;
la felicidad y la luz de la esperanza vuelven reforzadas a tu corazón.

Permanece en la consciencia: Lo que quieras que los demás te hagan a ti, hazlo tú primero a ellos.

Nunca esperes la ayuda de los demás. En la medida de tus posibilidades, ayúdate a ti mismo; todo lo demás déjalo en manos de Dios.

Si ayudas a los demás a ayudarse a sí mismos, tú recibirás ayuda del Espíritu del amor que está en ti.

No esperes que los demás hagan sacrificios por hacerte feliz. Si haces eso, estás, por así decirlo, invocando la infelicidad. Eso no es una ganancia de vida, sino una renuncia sin preaviso a la vida, porque ella contiene todo lo que es bello y bueno. Puede hacerte valioso para los demás. En eso consiste la ganancia de vida.
Haz que cada minuto de tu día sea espiritualmente fructífero, y así vives un tiempo pleno de bendiciones.

No hagas daño a ningún ser, sea humano o animal, planta o piedra. Esfuérzate por aumentar el bienestar de todas las personas, seres y formas de vida. Esto aumenta tu felicidad interior y la comunicación con el SER universal. Porque, a la larga, solo nos servirá aquello que sirva a todos.

Quien da lo mejor de sí mismo cada día, centrado en la abundancia que Dios es en él, sin esperar agradecimiento ni reconocimiento, experimentará muy pronto que está dando de la abundancia que no conoce límites.

Recuerda una y otra vez que lo que pensamos persistentemente, tanto positiva como negativamente, es en lo que nos convertimos; esto se realiza en nosotros y en nuestro entorno.

Piensa en grande, porque eres más grande de lo que crees.

Permanece en tus reglas de vida; permanece en ti mismo, en ti misma. Deja de luchar contra tu prójimo; eso es fuerza vital perdida.

Mantente alerta contigo mismo. Esta es tu oportunidad de cambiar rápidamente a lo positivo.

Reconcíliate con tu prójimo; haz el bien.

Cultiva pensamientos que son del agrado de Dios. Sé servicial y comprensivo.
Aprende a pertenecerte a ti mismo; conviértete en uno en y contigo mismo, entonces también harás y mantendrás la paz con tus semejantes.

Reúne una y otra vez tus pensamientos positivos y dirígelos hacia las fuerzas del Cristo de Dios dentro de ti.
Realiza Su enseñanza. Entonces obtendrás la fuerza para luchar con éxito contra toda debilidad y serás el vencedor.

Hazte consciente cada día de que tu ser interno es SER cósmico, Existencia cósmica. Las fuerzas que hay en ti son el Reino de Dios. Ellas sirven a todo y a todos. Por lo tanto, piensa en el verdadero bien de todos, de todas las personas, de todos los seres, de todo lo que existe; ese es el bien común.

Aquel que se ha convertido en héroe espiritual es verdaderamente tolerante. Su alma está por encima de lo demasiado humano de este mundo. Aquel que ha alcanzado el heroísmo y la tolerancia con Cristo nunca dañará conscientemente a un ser humano, a un animal o a una planta, ni traicionará a sus semejantes.

Quien se haya liberado de todo lo excesivamente humano estará lleno de luz. Pero el que se divide en «una vez Dios, luego otra vez el mundo», se une a las tinieblas. Jesús dijo: O a favor o en contra de Mí.

La aplicación de estas reglas de vida fortalece nuestra fe, consolida nuestra confianza en Cristo y crea cada vez más la conexión con Él, que es la fuerza, la luz y la verdadera vida dentro de nosotros.

Cristo es el reformador interno

El tiempo actual, el mundo de hoy, no puede ser reformado por ningún reformador mundano, se llamen como se llamen los dirigentes del Estado y de la Iglesia. Todos y cada uno de nosotros debemos aprender a dejarnos reformar, desde dentro hacia fuera. Sin embargo, debemos estar dispuestos a crear las condiciones en el exterior, en nuestro modo de pensar y de comportarnos, para que el reformador interno, Cristo, pueda transformarnos y renovarnos. Debemos contribuir a ello. Solo cuando damos un paso hacia Cristo, él puede venir hacia nosotros; esto se basa en la ley del libre albedrío, que Cristo respeta.

Queramos creerlo o no, el tren para reformar este mundo, para renovarlo, para traer prosperidad, beneficios, alegría de vivir, seguridad, trabajo y pan para todos ya ha partido. Los dirigentes del Estado y de la Iglesia ya no tienen el «carbón», la energía para ello.

De vez en cuando, la luz trasera del tren aún puede fulgurar, si este atiende al rumbo marcado por el Espíritu de Dios, la reforma interna, los verdaderos valores cristianos y la verdadera justicia en la afirmación: *«Lo que quieras que te hagan los demás, hazlo tú primero a ellos»*.

En última instancia, hace ya mucho tiempo que el tren ha arrollado al rumbo determinado por Cristo. El guardabarrera, ebrio de ego, ha puesto el rumbo hacia abajo. A partir de ahora todo solo va hacia abajo.

Sin embargo, el Salvador, Cristo, está siempre presente. Su llamada a nosotros seres humanos es: ¡Sálvese quien quiera salvarse! Ya no es: Sálvese quien pueda salvarse. Ahora es: Sálvese quien quiera salvarse –quien quiera ser salvado por Cristo. Porque cualquiera puede salvarse, si quiere, porque la fuerza para esforzarse en ascender espiritualmente está en cada persona.

¡Sálvese entonces quien quiera salvarse! Ya no se trata de que otros nos lleven sobre sus hombros. En este tiempo y en el venidero el lema es: Cree en la fuerza de Cristo y cree en la verdadera vida que hay en ti. Gana tu vida de nuevo –ante la fuerza cósmica que es Cristo.

Si queremos ganar la vida y aprender a permanecer en la vida que es Dios, primero debemos examinarnos a nosotros mismos y ocuparnos de todo lo que nos hace envidiosos, celosos y pendencieros con los demás. ¿Por qué? Estas tendencias netamente humanas, con las que a menudo envenenamos nuestra existencia, indican repetidamente que estamos insatisfechos con nosotros mismos y, por tanto, a menudo somos infelices.

Una forma de ayudarnos sería hacernos fundamentalmente conscientes de que el ego que nos hemos creado no es nuestra verdadera naturaleza, no es nuestro verdadero ser. Lo demasiado humano, nuestro ego, surgió del hecho de que hemos desviado nuestro enfoque, nuestra orientación, del interior hacia el exterior. Buscamos la felicidad donde no se puede encontrar: en el exterior.

Quien busca constantemente y se da cuenta de que no encuentra, se vuelve insatisfecho. Siente el vacío en su interior. Mira a su alrededor. Ve a algunas personas que, vistas a través de las gafas de su propio estado carencial, parecen ser felices en comparación con él. Si por ejemplo esa otra persona es rica, el ego de la persona insatisfecha saca inmediatamente la conclusión lógica: rico es igual a feliz. Y su ego grita: «¿Y yo qué? Yo quiero ser rico».

Hay otras personas que parecen poseer lo que a nosotros nos falta para ser felices y estar contentos. En consecuencia, el ego es una pulsión insaciable que exige constantemente. Por ejemplo, Nosotros queremos que nos quieran; queremos que nos respeten; queremos que nos hagan regalos; nosotros queremos esto y aquello; nosotros queremos ser atractivos, agraciados y bellos. O los demás, nuestros semejantes, deberían cumplir lo que esperamos, lo que nuestro ego exige. Ellos deberían compensar nuestros déficits. Si no lo hacen, son culpables de nuestra infelicidad. Entonces nos creemos con derecho a estar desesperados y a lanzar acusaciones contra nuestro entorno, que es tan poco cariñoso y solo piensa en sí mismo.

Si nos damos cuenta de que de este modo solo estamos cavando cada vez más hondo el pozo de nuestro propio ego, hasta que ya no sabemos qué hacer a causa de la amargura, la agresividad, la depresión y la desesperación, entonces aprovecharemos la oportunidad que nos ofrece Cristo, el reformador interno.

Hasta ahora fue así que las causas de nuestra malevolencia egoísta son estar insatisfechos con nosotros mismos; otros deben ser para nosotros la ganancia de vida.

Ahora es así:

Vuélvete activo en sentido positivo. ¡Gana tu vida! Cristo es la reforma interna.

Nuestro lema diario podría ser:

No exijas nada de los demás, ¡espera lo máximo de ti mismo, de ti misma! Afirma las fuerzas y cualidades positivas y generosas que hay en ti. ¡Ellas están ahí! Encuéntralas y aplícalas. Incluso si tienes que vencer resistencias internas, experimentarás que muchas nubes que han oscurecido tu mente retrocederán y el sol interior del Cristo de Dios comenzará a brillar más y más dentro de ti.

Si consigues cierta satisfacción exterior, prepararás el camino para que el reformador interno te haga feliz en el interior.

Decídete también a no estar en pensamientos en contra de tus semejantes; eso solo te haría gris, pálido y de aspecto desagradable. El reformador interno, que está en ti, es la belleza.

A partir de ahora, abandona el deseo de encontrar un aventurero afortunado que te debe hacer feliz o una mujer ideal que cumpla todos tus deseos y dé sentido y contenido a tu existencia vacía.

Sabe y recuerda esto:

La felicidad viene de adentro; hace a cada persona agraciada y bella.

Está escrito, y esto es una imagen tanto para el hombre como para la mujer: Conviértete en la novia de Cristo, porque el novio es el Cristo de Dios; Él quiere venir a ti. Adorna tu alma y ennoblece el resplandor de tu cuerpo con pensamientos luminosos y del agrado de Dios.

Muchos dicen: «No me gusto, soy feo». No hay ninguna persona fea, a menos que se haga fea a sí misma pensando pensamientos feos o esperando que otros le tengan que hacer lo que ella desea.

Si quieres, el reformador interno puede crear de ti una bella imagen de vida, porque quien encuentra su verdadero ser encuentra la belleza de la vida. La belleza viene del interior. La belleza es ganancia de vida, y la ganancia de vida es alegría y felicidad.

¡Prepara el camino para el reformador interno! Aunque el ser humano sea joven o de mediana edad o tenga muchos años, cada uno tiene que empezar por sí mismo.

La primera pregunta sería: ¿Me respeto a mí mismo?

Déjate reformar, porque quien no tiene respeto por sí mismo, no puede liberarse de su naturaleza inferior, que solo quiere apoyarse en los demás, que solo espera y exige.

La base de todo respeto propio es el conocimiento de quiénes somos realmente. Debemos sumergirnos a menudo en la consciencia de que en el fondo de nuestro corazón somos seres divinos, amados por el Padre eterno, dotados de las fuerzas luminosas del infinito.

Si esta consciencia la consolidamos afirmándola, esforzándonos por interiorizarla y mediante el autocontrol y el autorreconocimiento procuramos superar lo malo reconocido, lo que no es divino, con la ayuda y la fuerza del reformador interior, Cristo, con el tiempo nos distanciaremos de nuestra naturaleza demasiado humana. De este modo, nos identificaremos cada vez menos con las debilidades humanas, los vicios y los hábitos poco atractivos que nos quedan.

Esto tiene la consecuencia de que podremos desecharlos cada vez con más alegría y facilidad y dar preferencia a lo fino, noble y delicado que corresponde al ser luminoso en nuestro interior.

Prepara los caminos al Señor. Déjate reformar. Cultiva pensamientos positivos y como Dios quiere. Cuida tu cuerpo, que debe ser imagen fiel de la vida. Del mismo modo como tu alma quiere ser purificada, lo desea también tu cuerpo.

Tienes que saber que la purificación del alma y el cuidado del cuerpo pertenecen a la autoestima y también al dominio del ego inferior.

Gana seguridad interna y externa. Tan pronto como hagas orden en tus pensamientos, surgirá el orden también en tu vida externa.

La consecuencia de dominarse a sí mismo con la ayuda de la luz interna es el cuidado de tu alma y del cuerpo. Entonces también tu vestimenta será limpia. Asegúrate también de que tu ropa exterior corresponda a tu tipo en cuanto a color y forma. No te vistas con colores demasiado llamativos, ya que esto te hará sentir inquieto, inquieta, y tendrá un efecto no armonioso en tu ánimo y en tus nervios. Aprende a sentirte cómodo, cómoda, con tu ropa. Asegúrate de dejar la casa limpia y ordenada, mantente bien arreglado o arreglada, durante el día y no te abandones tampoco por la noche.

A través de estos comportamientos externos, poco a poco nos vamos distanciando de la comparación con los demás, de la envidia y el resentimiento, del deseo de ser y tener. Nos hemos auto-encontrado exteriormente. Somos cada vez más uno con nosotros mismos. Esto tiene otros efectos positivos: cada día somos más conscientes de nuestra vida interna, de modo que podemos transformarnos cada vez más interna y externamente con el Espíritu de Dios y ganar así la verdadera vida.

Aprendamos a reconocer lo siguiente: Las personas desaliñadas suelen estar subliminalmente deprimidas y albergan actitudes de reproche. Son como «agujeros negros» del ego humano. Las personas que piensan de forma negativa tienen una irradiación depresiva; piensan solo en sí mismas y juzgan a otros porque no pueden consigo mismas. Con este déficit moral, suelen influir en los demás. Quien se compara constantemente con los demás y siembra envidia y resentimiento, es susceptible a estas cosas.

Aprende a observar. Lo que una persona es, se muestra en su cara, en su cuerpo y su ropa. Su aspecto y su postura son el contenido de sus pensamientos y palabras.

Otra ayuda para dar una oportunidad a tu reformador interno es seguir una dieta sensata, lo que significa: moderación en todas las cosas. Si te esfuerzas por conseguirlo, no necesitas dietas extravagantes. También en lo que respecta a la sexualidad deberíamos pensar en la naturaleza. La naturaleza ha previsto que el cuerpo sirva para la procreación, no para el placer. Si nos abstenemos de ser objetos de lujuria, si cultivamos al ser humano como imagen de Dios, iremos construyendo poco a poco nuestra autoestima espiritual, que viene de adentro. Entonces también respetaremos a nuestros semejantes.

Quien se atiene a su autoestima espiritual, quien se esfuerza por llegar a ser imagen fiel de Dios, es fiel a sí mismo y será también fiel a los demás, y a Dios.

Nuestra apariencia externa también incluye el orden y la limpieza en nuestra casa y en nuestros armarios. El lema es: Cuida todo lo que te rodea, porque en todo está el Espíritu del infinito, la vida.

Del mismo modo que cuidas de ti mismo, que eres la vida de Dios, así será tu entorno, incluido tu lugar de trabajo.

Una ayuda más para hacerse consciente la experiencia interna:

Quien no mantiene en orden su propio hogar, no se siente en ninguna parte en casa; sigue siendo un vagabundo inquieto que hace de los demás sus sirvientes.

Repito:

Quien se controla a sí mismo, a sí misma, y se observa de manera crítica y se aplica la norma de autoestima espiritual, cuida también su aspecto externo, porque el ser humano es, en última instancia, el templo del Espíritu Santo, y el Espíritu de Dios es amor, belleza, equilibrio y sinceridad.

Para todas las edades es válido:

Quien se mantiene en orden a sí mismo, a sus pensamientos, todo su comportamiento, su apariencia y su entorno, está más satisfecho consigo mismo, porque está en armonía consigo mismo y con lo que le rodea.

Hagámonos consciente que:

Quien se ha encontrado a sí mismo se esforzará por mantener el equilibrio en su matrimonio y en su pareja. También será una madre afectuosa o un padre cariñoso con sus hijos. Dará lo mejor de sí mismo en el trabajo, en la empresa. Gracias a su fiabilidad, se ganará la confianza de quienes le rodean y será un enriquecimiento.

Tomemos consciencia una vez más de que:

El tren de la existencia superficial ya ha partido. Las brillantes luces traseras no nos dan ya más firmeza. El reformador Cristo es el transformador de cada ser humano –si este así lo desea. Pero Él es también el reformador y renovador del planeta Tierra.

Quien se deja reformar por el reformador interno, Cristo, será un buen ejemplo en cualquiera situación. Mantendrá la calma y la sensatez interiormente y también encontrará las palabras adecuadas y la medida justa en todas las cosas.

Feliz aquel que sacrifica su voluntad y su anhelo egoísta a Aquel que es el Yo Soy en todo.

De este modo, el ser humano se vuelve sincero y encuentra la vida. El miedo se aparta; la verdad lo libera.

Sabe: La verdad hace de ti una persona feliz. La falsedad hace temeroso e infeliz.

Cualquiera que encuentre gradualmente su verdadero ser, el Cristo reformador interno, rechaza matar o asesinar. Matar o asesinar quita la vida al ser humano y al animal. El ser humano no ha dado la vida ni a su prójimo, el ser humano, ni al animal; no puede dar el aliento a ninguna forma de vida. Por tanto, no debe quitar intencionadamente el aliento, la vida, al ser humano, al animal o a la planta.

Quien mantiene intacta su conciencia no daña a las personas ni a los animales. Tampoco robará a sus semejantes, ni sus pertenencias, ni les quitará su energía vital. Tampoco privará a los animales de su espacio vital, porque quien roba a los demás, incluso a los animales, pone en peligro sus propias posesiones.

Las personas que mantienen su vida en orden, tanto en sus pensamientos como en sí mismas y en su entorno, establecen la medida para sí mismas en cualquiera situación.

Quien permanece fiel al Cristo de Dios puede acercarse a sus semejantes con ojos abiertos y claros. Quien da su palabra a Dios y no la cumple, se califica a sí mismo de «inútil».

Permanecer fiel a Cristo significa aprender. Quien aprende cada día para acercarse a Cristo, gana conscientemente la vida, se hace feliz. Ser feliz es libertad.

Alcanzamos la libertad mediante la honradez y la rectitud, hacia nosotros mismos y hacia el prójimo. Lo que hagamos, lo haremos completamente. Estamos concentrados con todas nuestras fuerzas de consciencia en nuestro trabajo y atentos en las conversaciones, porque estamos en comunicación con el Infinito, el Altísimo.

Vivir significa también, entre otras cosas, dar sinceramente –esto requiere atención. Es estar alerta respecto a nosotros mismos y en relación con los demás para reconocer claramente lo que estos necesitan, lo que se les puede decir o confiar.

Las personas que están en la comunicación universal, en la conexión con la vida, que es omnipresente, son honestas y trabajadoras. Aportan un buen rendimiento.

Toda deshonestidad, en el ámbito que sea, conduce a la pereza y a la despreocupación. Esas personas no son de fiar y además rinden poco. Las personas que por ejemplo cumplen con su profesión, encarnan la competencia correspondiente. Mediante un trabajo centrado, eficaz y orientado a objetivos, crean algo de alta calidad; asumen responsabilidades e irradian seguridad. Las personas verdaderamente competentes mantienen la compostura y la serenidad en cualquiera situación; también son dignas de confianza frente a sus compañeros y compañeras de trabajo.

Vivir significa mantenerse en la vida diaria en el Espíritu de la verdad, pase lo que pase. De esto se desarrollan más habilidades, seguridad y destreza.

Las personas verdaderamente competentes son soberanas, positivas y perseverantes.

Precisamente hoy en día vemos que cada vez más personas, ya sea en la política, en la economía o en la Iglesia, afirman ser competentes, es decir, que fingen saber cómo son las cosas. Pero el pueblo se da cuenta ahora más rápidamente de que solo se trata de la pretensión de un ego inflado, de una farsa que muy pronto perdió su brillo y abandonó el reluciente escenario mundano.

Quien no aprende no gana. El aprendizaje adecuado, la práctica honesta, para elevar la existencia a una ganancia de vida, aporta seguridad y estabilidad.

Una y otra vez se plantea la pregunta de qué se entiende por un comportamiento equilibrado, bueno y positivo.

Para mí esto significa encontrarme con mis semejantes y tratarlos como yo deseo que sea el encuentro con ellos y cómo quiero que ellos me traten a mí.

Cada cual tiene la ayuda para trabajar en sí mismo, en sí misma, para adquirir los valores espirituales que hacen valiosa la vida y nos hacen felices. Debemos aprender a pensar conscientemente, a escrutar nuestro pensamiento. Un pensamiento consciente, centrado en Dios, conduce a una vida consciente. Tenemos que dar a nuestra existencia un contenido como Dios quiere y, por tanto, un valor; solo entonces empezamos a vivir.

Quien se esfuerza por reformarse interiormente debería reflexionar constantemente sobre la siguiente afirmación: El ser humano es lo que es el contenido de sus pensamientos, es decir, lo que hay detrás de su pensamiento. Lo que siempre afirmamos, lo hacemos realidad.

Más de uno podría pensar ahora que nuestra vida en la Tierra sería muy agradable si la humanidad tomara en consideración las sencillas reglas de vida expuestas anteriormente.

Pero ¿por qué nuestros semejantes? Preguntémonos, cada uno a sí mismo, qué obstáculos hay en uno mismo. Quien respeta las reglas de vida se eleva por encima de sí mismo y también está ahí para los demás. El que hace poco o nada de forma altruista por los demás también piensa solo en sí mismo. Quien solo piensa en sí mismo están parcelando y separando. Quien aprende a hacer abnegadamente el bien a los demás sin esperar nada para sí mismo, camina hacia el interior, hacia el reino del corazón, hacia la vida que perdura eternamente. Él no separa, porque no ata nada ni a nadie a sí mismo.

Las personas que piensan cósmicamente, ayudan y dan de forma altruista se vuelven felices y se hacen libres. Por lo tanto, la ganancia de vida está en el propio corazón.

Si más y más personas trabajan en sí mismas practicando y aprendiendo para ganar la vida, uno ayudará y servirá al otro de buena gana así como Dios quiere. Solo la ayuda auténtica –de los hechos abnegados, igual a obras altruistas– puede despertar el amor altruista e impersonal, que es el amor a Dios y al prójimo.

Muchas personas expresan la palabra «amor» de forma muy precipitada. Sin embargo, el amor al que se refieren muchos no les hace felices, porque no procede de su interior. Solo el amor a Dios y al prójimo, el amor que no espera nada, que no exige nada, hace feliz a largo plazo. El amor que viene de adentro es la vida que hace hermoso y rico. El verdadero amor permite a la persona madurar en un sentido positivo. Especialmente a una edad avanzada, la madurez interior es un hermoso fruto.

El amor externo desea –el amor interno da.

La vida que viene de dentro es siempre presente. Es el amor cósmico eterno, la flor de la vida.

El amor que viene de dentro embellece y ennoblece todo nuestro ser. Los que están imbuidos de amor irradian paz y alegría interior. ¿Qué más necesitamos en este mundo que el amor de Cristo que está en nosotros?

Detrás de cada noche está el día. La mañana da a luz al día. El que emerge de las sombras está rodeado de luz. La luz es la verdad, la luz es belleza y grandeza. La luz hace valiosas a las personas. El valor duradero no lo encontramos en el mundo, sino en la propia alma.

El mundo actual alberga en sí miedo y desgracia. Como quiera que lo veamos, como quiera que le demos la vuelta, el ser humano no será feliz, fuerte y superior a lo que está contra las leyes de Dios, hasta que no haya aprendido a estar consigo mismo en casa, en lo más profundo de su alma. Solo entonces descansará en sí mismo, en su verdadero ser; habrá encontrado su hogar en el Reino de Dios, que está dentro de él.

La llamada del alma pidiendo liberación

De una hora de enseñanza de Gabriele dada el 10 de agosto de 2007

Me gustaría exponer aquí una palabra, y esta es «liberación». Alguno respirará hondamente y dirá: «Oh, sí, sería bueno si me pudiese liberar de preocupaciones, necesidades, enfermedades, angustia, ataques externos, peleas, odio, envidia, maldad y muchas otras cosas». Y otro dirá: «Bueno, soy un ser humano y esto no resulta tan sencillo».

Preguntémonos: ¿Por qué no es tan sencillo? ¿No es acaso porque queremos retener muchas cosas, lo humano inferior, lo pecaminoso?

¿De dónde viene todo lo malo? Estamos atrapados, como prisioneros de estos complejos. Esta presión viene al fin y al cabo del alma –a menudo ya por la mañana– y desencadena pensamientos, sufrimiento, preocupaciones y otras cosas más. El alma se quiere liberar de todo lo que hemos puesto sobre ella. Son los complejos que acabo de enumerar y que el día nos muestra paso a paso. Quien escucha hablar el día en sí o permite que el día le hable, notará que el alma está llamando continuamente y que dice: «Anhelo la liberación», y al fin y al cabo también nosotros, el ser humano. Cuán a menudo decimos: «Qué bueno sería estar libre de preocupaciones, de problemas, de pensamientos». No sirve de nada que digamos «qué bueno sería», o que digamos simplemente: «Señor, yo te entrego a ti este complejo. Ocúpate Tú de él». Sí, Él se ocupa, y lo hace durante todo el día. Él nos muestra lo que tenemos que reconocer y purificar –si queremos.

O sea que el alma se quiere liberar. Quiere ser libre. Quiere sentir el latido del SER, la Existencia eterna, y Aquel que vive en nosotros, el Espíritu del amor, el Espíritu de nuestro Padre, quiere vernos libres, felices y contentos. Él quiere que vivamos con nuestros semejantes, con nuestros hermanos, y hermanas, en unidad y libertad, con amor y en unión.

¿Cómo es con nosotros, que queremos ser libres y no obstante estamos bajo la presión del alma, de las cargas? Muchas veces ni siquiera queremos ser libres, o es otro el que nos debería liberar, aquel al que echamos la culpa y cosas similares. Si decimos ahora: «el otro tiene la culpa», de algún modo nos alteramos. Nadie puede decir: «El otro tiene la culpa» sin sentir una tensión en el interior, sin alterarse. O decir: «No quiero perdonar al otro». La analogía, es decir, la presión que viene del alma nos muestra en ese momento dónde pensamos así o de forma similar. O sea que el alma ya nos está diciendo mediante una cierta presión: «Detente, tal vez el otro tenga alguna culpa, ¿pero cómo es contigo? ¿No tienes también una pequeña parte de culpa en todo ello?». Y así el alma nos llama diciendo: «Purifica tu pequeña parte y reza por el alma de tu prójimo, a quien le estás echando la culpa».

Deberíamos arrepentirnos y purificar de corazón nuestra pequeña parte y no volverla a hacer más proponiéndonos alguna frase de los Mandamientos de Dios o del Sermón de la Montaña de Jesús, que acogeremos en nosotros; y siempre que surja algo del complejo, lo mismo o parecido –echar la culpa y otras cosas– nos podemos aferrar a este mandamiento de la vida para dar el siguiente paso de la purificación. En cuanto nos pongamos a trabajar seriamente en la purificación y primero nos miremos a nosotros mismos y nos esforcemos en rezar por el alma de nuestro prójimo –¿porque quién está libre de culpa? ¿Quién está libre de pecado?–, sentiremos un latido delicado del alma. Porque ella se ha vuelto a liberar de algunos aspectos del ego humano. Algunas partículas del alma se han vuelto más luminosas.

Este es trabajo en nosotros mismos, pero el trabajo será recompensado. Nos volveremos más libres; el alma se liberará de lo que le habíamos cargado con pensamientos y palabras, o con actuaciones contra la vida.

El arrepentimiento viene de las sensaciones y de los sentimientos. El arrepentimiento es un movimiento en nosotros. El arrepentimiento puede traspasar todo el ser humano y removerlo. Entonces solemos decir: «Lo siento». ¿Lo sentimos realmente? Ese «sentir» del que hablamos tiene que doler. Tenemos que sentir ese dolor en nosotros mismos. Solo cuando nos duela de verdad y digamos: «Yo soy el monstruo y no el otro. Quiero liberar a mi alma y sentir la libertad de la Existencia eterna, porque quiero ser libre, libre para vivir de verdad», es cuando entonces surge una suave sensación que viene del alma. Esta surte efecto en nosotros, surte efecto primero cerca de nuestro aparato digestivo, en el sistema nervioso, y luego va emergiendo poco a poco hacia el consciente, para mostrarse en pensamientos o en imágenes.

Por eso las sensaciones y los sentimientos son increíblemente importantes. Quien haya matado sus sensaciones, porque pasa por encima de todo y cree que siempre solo el otro es el culpable y que él es más importante que los demás, a su persona le será cada vez más difícil reconocerse, porque no escucha la presión y la súplica que viene del alma. Cree que el sentimentalismo no es lo apropiado. Las sensaciones no tienen nada que ver con el sentimentalismo –es la unión entre el alma y el ser humano.

«Liberación», clama el alma. Y muchos de nosotros ya por la mañana decimos, cuando aprieta, cuando no nos sentimos a gusto, cuando vienen los pensamientos inferiores: «Bueno, yo quiero ser libre» y el alma dice: «Libérame y tú serás libre».

Invoquemos en el silencio a Cristo, para que Él nos lleve a nuestro nivel de sensaciones, para que sintamos al alma que clama: «Liberación. Libérame».

¡Comencemos! Dejemos que el alma intervenga en nosotros.

Cristo nos apoya.

Vayamos al centro de Cristo que está cerca de nuestro corazón, y dejémonos llevar a nuestro nivel de sensaciones. Alguno sentirá: «Oh, el alma me quiere decir algo». Surge una imagen. Permitamos esta imagen. Miremos dentro de la imagen. Tal vez también surgen pensamientos. Esperemos a ver lo que nos quieren decir los pensamientos, el contenido de los pensamientos.

Nos movemos en la imagen o en los pensamientos y permitimos que surja el arrepentimiento que viene del nivel de sensaciones, y por tanto del alma. De este modo nos podemos arrepentir de corazón, de todo corazón, dando entonces también los pasos con Cristo: «Pido perdón. Con Cristo perdono», y al mismo tiempo le llamamos a Él: «Cristo, por favor, muéstrame un mandamiento de la vida para cumplirlo, para reflexionar sobre él, para que pueda mantenerlo en mí y aferrarme a él cuando de nuevo surja un impulso del alma, para purificarlo».

Vayamos por tanto a Cristo, y permitamos que Él nos guíe a nuestro nivel de sensaciones, a nuestra alma y percibamos lo que esta nos quiere decir hoy.

Quien haya podido dar un pequeño paso hacia su alma, sentirá ahora una respiración profunda, un hálito del silencio celestial. Sentirá un delicado y fino rayo que viene desde lo profundo del alma, es la seguridad en Dios, es el amor de Dios.

Jesús de Nazaret dijo: *«El Padre y Yo somos uno»*. Es un Espíritu el que nos está llamando. Es un Espíritu el que nos conduce. Es un Espíritu el que nos apoya. Es el Espíritu que nos ama a todos.

Comencemos a amar paso a paso a nuestro Hogar eterno, y así amaremos al Espíritu de nuestro Padre y al fin y al cabo a nuestro Padre eterno mismo.

Si mantenemos esta consciencia, también percibiremos una y otra vez la llamada del alma que dice: «Liberación. Liberación, oh, ser humano». Y cederemos y nos haremos libres.

El Padre Nuestro

De una hora de enseñanza de Gabriele el 3 de julio de 1987

esde hace casi 2000 años se ha rezado y reza el Padre Nuestro.

Dios, la Ley universal, es omnipotente, también en el ámbito de la materia. Reconocemos que el Dios que habla es el Espíritu del amor, el Espíritu de la omnipresencia, el Espíritu de nuestro Padre eterno que habla eternamente.

Contemplemos juntos esta oración, es decir, miremos detrás de las palabras e iluminemos la energía que irradia el Padre Nuestro.

Sabemos que todo es energía. Cada sentimiento, cada pensamiento, cada palabra, cada acción, todo lo que emana de nosotros es energía. Nosotros mismos, nuestro cuerpo físico, nuestra alma son energía. Lo que sale de nosotros, sabemos, regresa de nuevo a nosotros.

Por eso el Espíritu de Dios nos exhorta una y otra vez a examinar nuestros pensamientos y hablar solo lo que es esencial, y eso debería ser conforme a las leyes de Dios.

Todo es energía. Si ahora rezamos: «*Padre nuestro, que estás en el Cielo*», deberíamos saber que de estas pocas palabras fluye una cantidad indecible de energía, sobre todo cuando retiramos lo humano en nosotros y sentimos lo que estas palabras nos dicen.

Nuestro Padre en el Cielo, el Padre, es el Padre de todos nosotros –¿nos es esto consciente? Nuestro prójimo también es un hijo, una hija de este Padre, no solo nosotros. Todos los seres humanos, todos los seres somos hijos de este único Padre. ¿Tenemos el derecho de juzgar a nuestro prójimo? ¿Es él menos o es más ante Dios?

El Padre en el Cielo es la manifestación del Espíritu originario, es decir: El Padre en el Cielo es la energía primaria que se ha convertido en forma, el ser masculino, o sea el ser positivo más elevado, el más bello, radiante –ese es el Padre, la manifestación. Su aliento, la energía que emana del Sol Central Primario, es Su espíritu, es la fuerza omnipresente que está en nosotros, que fluye a través de nosotros, que está activo en todo el infinito.

En cada animal, por pequeño que sea, en cada planta, en cada piedra, en los astros, en cada ser espiritual, en cada alma está el hálito de Dios, la fuerza omnipresente –o sea no el Padre como manifestación, sino Su hálito, la energía originaria.

En cuanto volvemos a ser seres puros, somos Su imagen fiel, es decir, seres luminosos, radiantes, perfectos. Todas las demás formas espirituales son la expresión de esta fuerza omnipresente –es la consciencia, la consciencia de Dios, la consciencia del Padre.

Nuestro Padre, la manifestación, el ser espiritual, está en el eterno SER, la Existencia eterna, y Su energía, la energía del Padre, es omnipresente.

«Padre nuestro, que estás en el Cielo» –de estas pocas palabras podrían escribirse libros y seguirían siendo solo palabras. Tenemos que experimentarlas en nosotros mismos.

Pasemos a las palabras:

«Santificado es Tu nombre».

Él ha santificado a Sus hijos –Él es santo. La palabra «santificado» por lo tanto no es aplicable aquí, porque: Santo es Su nombre –Él ha santificado a Sus hijos, Sus imágenes fieles, porque como seres puros nosotros somos divinos, es decir, no somos Dios, sino divinos.

En consecuencia, Él nos ha santificado, y santo es Él, el único Padre eterno, Dios. Por eso, en última instancia deberíamos rezar: «Santo es Tu nombre».

Examinemos la siguiente frase:

«Venga a nosotros Tu Reino, hágase Tu voluntad».

Deberíamos pensar cuántas veces hemos rezado y rezamos esta frase: «Venga a nosotros Tu Reino, hágase Tu Voluntad». El Reino de Dios está como esencia en nosotros, el Reino de Dios es la Ley cósmica, en el Reino de Dios se hace Su voluntad. Así que si permitimos que nuestra voluntad propia irrumpa una y otra vez, no reconocemos la voluntad de Dios y aún no hemos llegado al Reino del interior.

Si queremos que el Reino de Dios, las leyes del infinito, vengan a nosotros y se hagan efectivas entre nosotros, primero tendremos que desarrollar el Reino de Dios en nosotros y dejar que se haga efectivo.

O sea que rezamos: «*Tu Reino viene, Tu voluntad se hace*».

Con estas palabras de oración, los orantes se comprometen a desarrollar el Reino de Dios en el interior, y además se comprometen a que el Reino de Dios venga a la Tierra a través de ellos. ¿Somos conscientes de ello?

«*Tu Reino viene y Tu Voluntad se hace*» –con estas palabras de oración emitimos energías, afirmando que el Reino de Dios venga.

A raíz de esto nos comprometemos a purificarnos hasta tal punto que percibamos el Reino de Dios dentro de nosotros, las leyes de Dios –ese es el Reino interno– para que Dios, el amor, pueda brillar a través de nosotros y traer el Reino, el Reino interno, a esta Tierra.

Para reconocer el Reino interno, la esencia de la vida, primero debemos conocer Su voluntad. Esto significa para nosotros ante todo poner orden en nuestros pensamientos y en nuestra vida. Si ponemos orden en nuestros pensamientos y en nuestra vida, solo entonces empezamos paulatinamente a volvernos altruistas. Pensamos cada vez menos en nosotros mismos y nos esforzamos por tratar a nuestro prójimo de una manera tolerante, afectuosa y cordial, este es el primer paso hacia el reconocimiento de la voluntad de Dios.

Estas palabras son un compromiso para nosotros y en definitiva para todos los cristianos que rezan el «Padre Nuestro». Debemos hacernos conscientes poco a poco que todo lo que sale de nosotros vuelve a nosotros. Si ahora la energía de estas palabras de oración *«Tu Reino viene, Tu Voluntad se hace»* vuelve a nosotros y no somos capaces de aceptar esta energía, porque no hemos dedicado nuestra vida al Espíritu de Dios, porque no hemos puesto orden en nuestra vida, estaremos sentando causas. Hemos emitido la energía y no podemos ponerla en práctica –*«Tu reino viene, Tu voluntad se hace»*. O sea que nos cargamos de culpa.

Dios derrama Su gracia infinita, y seguro que a menudo hemos sentido un suave latido dentro de nosotros cuando hemos rezado o cantado el «Padre Nuestro». O hemos tenido una sensación tan desagradable, es más, incluso podríamos decir, un mal presentimiento en nuestro interior. ¿Por qué? Aquí el espíritu protector o la fuerza de Dios nos ha dado un toque de atención: «Cuando reces, reza fervientemente con todo tu corazón y hazte consciente de que estás rezando y de a quién le rezas».

Si con nuestros sentimientos y sensaciones no estamos en la oración, sino en otro lugar, deberíamos interrumpirla o dar un paso atrás y comprender que en el fondo somos divinos y rezamos al único santo. O volvemos a empezar la oración –o dejamos de rezar hasta que volvamos a darnos cuenta de a quién rezamos.

Pasemos a la frase:

«Así en la Tierra, como en el Cielo».

Esto significa que en el *«Padre Nuestro»* pedimos que el Cielo descienda hasta nosotros, pedimos que el Cielo se haga efectivo en esta Tierra. Esto suscita naturalmente la pregunta: ¿Qué es el Cielo de Dios?

Y la siguiente pregunta sería: ¿Cómo llegan las leyes de Dios a esta Tierra?

Pensemos que si queremos hacer algo o cambiar algo, necesitamos las herramientas adecuadas. La persona que quiere escribir un artículo necesita lápiz y papel, el carpintero que quiere construir algo necesita madera y herramientas, etc. En el Padre Nuestro pedimos que el Cielo venga a la Tierra –y al hacerlo también nos ofrecemos para ser herramientas del Espíritu, instrumentos de la Ley. ¿Nos es consciente esto? Que si por una parte pedimos que el Cielo descienda, por otra parte nos ofrecemos formalmente como instrumentos.

O sea que deberíamos convertirnos en un instrumento. El hecho es que las peticiones que enviamos –«Así en la Tierra, como en el Cielo»– son energías, y estas vuelven a nosotros.

Si las aceptamos y nos preparamos para ser los instrumentos del Cielo, que el Padre eterno necesita para hacer efectivo Su Reino en la Tierra, ennobleceremos nuestros pensamientos y sentidos y así seremos una herramienta útil en las manos del Maestro eterno. Si por el contrario rezamos irreflexivamente, *«Así en la Tierra, como en el Cielo»*, y no nos esforzamos por convertirnos en instrumentos, es decir, en instrumentos de la Ley eterna, la energía que enviamos vendrá a pesar de todo a nosotros. Si no la aceptamos, nos cargaremos de culpa y nos volveremos cada vez más débiles perdiendo fuerza. En última instancia, lo que hemos creado en el mundo no podremos mantenerlo, lo perderemos.

O sea que hemos rezado *«Así en la Tierra, como en el Cielo»*. Estas energías que hemos liberado vuelven a nosotros, queramos acogerlas o no. Uno las acepta y se convierte en una fuente de energía positiva para muchos, el otro obra en contra y se convierte en irradiación negativa, que a la larga no puede existir en la luz del Cristo de Dios. Es decir que con el tiempo lo humano perecerá y lo divino vendrá, puesto que ha de ser en la Tierra como en el Cielo.

La energía que hemos emitido vuelve a acometernos. Acomete hacia dentro, quiere tocarnos y quiere que seamos los instrumentos que el Espíritu necesita para el Reino de Dios en la Tierra.

Si no nos hemos preparado hasta cierto punto, la energía se encuentra con analogías. Las analogías se activan, se intensifican y tarde o temprano llegan a nosotros. Entonces tenemos que sufrirlas, soportarlas y aguantarlas si no cambiamos nuestra vida a tiempo y la orientamos hacia Dios.

Pasemos a la siguiente frase:

«Nos das nuestro pan de cada día».

El pan de cada día se refiere ante todo a la fuerza espiritual, a la vida. Cada día este pan espiritual, es decir, la energía de Dios, fluye hacia nosotros, y lo hace primero a través del núcleo divino hacia nuestra alma y del alma hacia nuestro cuerpo material.

Si aceptamos con gratitud el pan espiritual, la

fuerza y el amor divinos, y nos esforzamos por irradiar el amor del Señor, entregándole a Él lo que es excesivamente humano en nosotros y de este modo quedar libres para Su irradiación de amor, para Su pan de cada día, no viviremos en la miseria. Lo que necesitemos en el ámbito físico, es decir, en el ámbito material, también lo tendremos.

Pasemos a la siguiente petición en la oración del Padre Nuestro:

«Y perdonas nuestras deudas, y nosotros a nuestros deudores».

Dios está dispuesto en todo momento a perdonar nuestras culpas, es decir, a transformar la energía negativa en fuerza positiva de vida. La condición para ello es que primero pidamos perdón y perdonemos. Si no pedimos perdón, nos quedaremos con nuestra culpa. Dios solo nos perdonará cuando nosotros pidamos perdón. Así que solo podremos entrar en el Reino de Dios y vivir en el Reino de Dios cuando todo haya sido perdonado. Para esto se requiere de nuestro esfuerzo, pues solo cuando hayamos reconocido y nos hayamos arrepentido de nuestros errores, nos esforzaremos por dejar de cometerlos. Si no reconocemos nuestros errores, seguiremos cometiéndolos.

Cristo nos ha traído la Redención, pero en la fuerza redentora debemos depositar aquello que hemos reconocido, es decir, nuestros errores, y entonces la fuerza redentora los transforma. Nos convertiremos así en hijos libres y conscientes de Dios que viven en Dios.

Por eso es importante que reconozcamos nuestros mayores errores y debilidades para no cometerlos más en el futuro. Muchas cosas negativas se transforman en nosotros sin que tengamos que enterarnos de ello; pero errores graves, es decir los errores grandes, tenemos que reconocerlos en su totalidad o en parte para no volver a cometerlos.

La energía negativa viene hacia nosotros y nos da la oportunidad de transformar esta energía negativa. Pero ¿cómo es cuando decimos: «Señor, hoy he discutido con un compañero en el trabajo, ha habido un violento intercambio de palabras, Te pido perdón» –¿está bien así, está con ello todo resuelto? El colega sigue enfadado en casa.

A este respecto, un participante en la hora de enseñanza recordó las palabras de Jesús de Nazaret:

Jesús de Nazaret nos enseñó: «Si llevas tu ofrenda al altar y te acuerdas de que tu hermano tiene algo contra ti, ve y primero a reconcíliate con tu hermano». Jesús de Nazaret ciertamente no dijo eso en vano. Nuestra vida terrenal es el camino del reconocimiento y de la purificación del alma, como ahora sabemos. Cada día la gracia de Dios fluye a nuestra alma y nos exhorta a perdonar ahora y a pedir perdón ahora, y no solo en la hora de la muerte. Si solo hacemos propósitos piadosos, solo estaremos postergando los complejos.

Gabriele continuó:

Cuando pedimos perdón de corazón y se lo entregamos todo a Cristo, nuestro Redentor, la fuerza redentora actúa con más fuerza en nuestro prójimo que todavía no quiere perdonar.

Pasemos a las siguientes palabras de la oración: *«Y no nos dejes caer en la tentación».*

¿Nos deja Dios caer en la tentación? Él nos guía en la tentación –Él no nos deja caer en la tentación.

Dios es el amor y quiere lo mejor para nosotros. Dios, nuestro Padre eterno, ya lo ha demostrado enviando a Su Hijo a este oscuro planeta Tierra, por amor a nosotros, para que Él trajera la fuerza redentora. Para decirlo mejor, también podríamos decirlo así en el «Padre Nuestro»: «Tú nos alejas de la tentación, pues nos regalaste la Redención, para que podamos reconocer el mal y no hacerlo más».

En todo momento el Espíritu de Dios y también nuestro espíritu protector, que todo ser humano tiene, nos advierten, que entreguemos a Dios lo humano en nosotros. Nos advierte cuando nos amenaza un peligro, nos alerta cuando estamos agitados, nos amonesta cuando odiamos y disputamos. Si estamos atentos y procuramos perdonar en lugar de ser rencorosos; si procuramos reconciliarnos en vez de reñir, sentiremos la mano de nuestro Redentor que nos saca de la zona de peligro y al mismo tiempo nos da la fuerza para reconocer que Él nos ha librado de las cargas y del mal.

Ahora la pregunta: ¿Qué se entiende por «mal»? El mal, lo malo, significa cuando infligimos sufrimiento a nuestro prójimo en forma de odio, violencia, etc., pero también con ello se refiere a los malos pensamientos. Cuando vivimos en agresión, en conflicto con nuestro prójimo, por ejemplo cuando le deseamos un accidente o una enfermedad, tal vez incluso la muerte física –eso es lo malo, esos son los grandes errores.

Nuestras sensaciones solo se volverán puras, y nosotros solo nos volveremos receptivos a los impulsos divinos cuando nos esforcemos en ordenar nuestros pensamientos, es decir, en ennoblecer nuestros pensamientos y nuestros sentidos, porque los pensamientos y los sentidos forman el puente hacia lo divino, hacia Dios, puente por el que fluyen luego los impulsos hacia nuestro mundo de sensaciones purificado. Por tanto, la purificación tiene lugar primero de fuera hacia dentro, de modo que los impulsos nos lleguen desde dentro hacia fuera.

Las predisposiciones al mal las hemos adquirido en nuestras vidas anteriores a través de comportamientos erróneos. O sea que en nosotros hay partes de lo negativo, de lo que está contra las leyes de Dios; a esto lo denominamos analogías. Si entonces lo negativo –o lo «malo»– nos viene desde el exterior, resonará en nosotros solo cuando llevemos lo mismo o algo similar dentro de nosotros. Si de nuestro prójimo vienen agresiones, es decir, lo negativo, lo «malo», y en nosotros no hay nada similar, nada entrará en nosotros sino que rebotará en nosotros. O sea que las predisposiciones se han originado en una o varias encarnaciones.

«Pues nuestro es el Reino, el poder y la gloria, de eternidad a eternidad» –dejemos que estas últimas palabras del «Padre Nuestro» resuenen en nosotros.

«Pues nuestro es el Reino, el poder y la gloria, de eternidad a eternidad», esta afirmación del «Padre Nuestro» nos da fuerza. En ella reconocemos también que no somos de este mundo, que estamos

en este mundo para desarrollar el hogar que está en nuestro interior, el Reino de Dios, mediante el cumplimiento de las leyes del Reino de Dios.

Una vez que hayamos vuelto a ser divinos, o sea que hayamos vuelto a ser la Ley divina, seremos amor, fuerza y sabiduría y a partir de entonces viviremos por toda la eternidad en la gloria de los Cielos, en el Hogar eterno que primero debemos desarrollar dentro de nosotros mismos, para volver al lugar de donde vinimos. Estamos en este mundo para purificar nuestro cuerpo espiritual, el alma, para dejar que el Reino interior, la esencia de la vida, crezca fuera de nosotros para luego regresar a la gloria de los Cielos, al Hogar, desde donde partimos.

Démonos cuenta de lo siguiente: Estamos en este mundo para desarrollar el Hogar interior, para después de esta vida terrenal volver a estar en la gloria eterna. Sin embargo, si estamos con este mundo, afirmaremos todas las costumbres, situaciones e instituciones y por lo tanto no encontraremos la gloria que el Padre nos tiene reservada por medio de Cristo.

«Pues nuestro es el Reino, el poder y la gloria, de eternidad a eternidad» –¡es una magnífica afirmación!

Si tomamos consciencia de esta frase, y si miramos nuestra naturaleza humana en la consciencia de esta frase, nos diremos a nosotros mismos:

«Qué pequeños y qué hijos humanos tan excesivamente humanos somos», y lo humano nos parecerá tan pequeño y vacío en la consciencia de que el Reino de nuestro Padre es nuestro Reino, y de que vivimos eternamente en Su gloria.

Retráete, ¡oh ser humano, y reacciona de forma divina! Retráete, oh ser humano, y date cuenta de quién eres. Eres un hijo, una hija de este reino eternamente maravilloso. ¿Por qué te atormentas con estas pequeñeces del ego humano?

Cuando cada día, es más, cada mañana, nos hacemos conscientes de quiénes somos en realidad, y en todas las dificultades, en todo lo humano, y en todo lo que nos preocupe decimos una y otra vez: «Me retraigo y reacciono de forma divina», encontraremos una y otra vez lo divino en nuestro prójimo, es más, nos volveremos tolerantes y comprensivos.

Si no solo decimos «Soy un hijo, una hija, de Dios», sino que nos hacemos conscientes de ello, la consecuencia es que también veremos al hijo de Dios en nuestro prójimo.

En cada uno de nosotros está el Espíritu todopoderoso, está el poder fluente, el hálito de nuestro Padre.

«Pues nuestro es el Reino, el poder y la gloria, de eternidad a eternidad».

Hay una diferencia entre «mundo» y «Tierra». El mundo es lo que el ser humano ha creado: las instituciones humanas como la producción de armas, municiones, armamento, fisión nuclear, experimentos con animales, el miedo entre la gente, odio y lucha y mucho más –esto no puede ser la voluntad de Dios. Así que nadie puede decir: «Dios creó esto» –esto es el mundo de los seres humanos. Lo que está contra la Ley de Dios, contra Su amor, libertad, unidad y hermandad es demoníaco. La Tierra, el planeta, nos fue dado a los seres humanos por Dios con las palabras: *«Someted la Tierra»*. Con esto Él quiso decir: sometedla con amor. De la creación del mundo tal y como es ahora, Dios no habló.

En el Padre Nuestro también rezamos: «*Así en la Tierra como en el Cielo*». Si las instituciones en la Tierra fueran conformes a la Ley divina, si las llamadas Iglesias «cristianas» y los partidos «cristianos» fueran verdaderos cristianos, entonces podríamos decir: El mundo acorde a la Ley divina es la voluntad de Dios.

Vivir en el Espíritu de Dios

De una hora de enseñanza de Gabriele el 6 de junio de 1994

Reflexionemos: ¿Quiénes somos? Uno dice: «Soy un ser humano». Otro dice: «Soy un hijo de Dios». El siguiente dice: «En realidad no sé quién soy».

Para alcanzar el elevado objetivo de vivir en el Espíritu de Dios, es decir, para reunirnos con Dios, nuestro Padre eterno, primero es necesario que nos demos cuenta de que todos somos hermanos y hermanas. Si nos hacemos conscientes de esto, también pensaremos por qué uno se muestra de categoría superior y el otro es aparentemente un subordinado. ¿No son estos nuestros propios juicios? ¿No es nuestro ego humano el que se corona a sí mismo y se deja coronar? ¿No es nuestro ego humano el que se somete y reverencia a otras personas en lugar de servir al gran Espíritu y estar al servicio de su hermano, de su hermana?

Reflexionemos entonces sobre nuestra propia forma de pensar. ¿Quiénes somos nosotros y quién es nuestro prójimo? Cuando nos hacemos conscientes de que nuestro prójimo es nuestro hermano, nuestra hermana, ¿qué somos entonces nosotros? De nuevo, hermano, hermana. Y cuando se nos hace consciente de que en el fondo todos somos hijos de Dios y que Dios, nuestro Padre, es el Dios Padre-Madre que nos ha dado las fuerzas de la vida para que podamos vivir en Él, para que comencemos a pensar sobre nosotros mismos preguntándonos: ¿Por qué me pongo por encima de mi prójimo? ¿Por qué me creo mejor que mi prójimo? ¿Por qué mi prójimo debe coronarme reconociéndome y otorgándome así un valor correspondiente? O bien: ¿Por qué ensalzo a mi prójimo y soy así el subordinado, el sumiso? –Se trata una y otra vez del ego humano.

Mientras cultivemos todos estos componentes de nuestro ego humano, ni siquiera empezaremos a vivir en Dios. Entonces, las palabras «vivir en el Espíritu de Dios» serán solo palabras abstractas, pero no estarán vivas. Empezarán a cobrar vida en el momento en que ya no nos dejemos valorizar y en cierto modo galardonar, dejándonos que se nos adjudiquen valores que ni siquiera poseemos –y si los poseemos como seres humanos en nuestra condición de pecadores, entonces son valores relacionados con el ego, es decir, es el egoísmo el que dejamos galardonar.

Vivir en el Espíritu de Dios significa dar el primer paso: la igualdad. Todos somos hermanos y hermanas ante la faz de Dios. Y ante la faz de Dios nadie es más grande o insignificante.

Una vez que tomemos consciencia de ello, nos daremos cuenta de lo que significa vivir en el Espíritu de Dios, es decir, ver a nuestro prójimo en nuestro corazón, aceptarlo y acogerlo como a un hermano, como a una hermana. Aunque nuestro prójimo tenga defectos, cuando se vuelva contra nosotros, cuando nos enfrentemos a él con las palabras correspondientes, como hizo Jesús en el Sermón de la Montaña, nunca condenaremos a nuestro hermano que está tan cerca de nosotros en nuestro corazón

–lo puro y noble que hay en él–, sino que lo conservaremos en nuestro corazón, independientemente de lo que opinemos sobre lo que en él está contra la Ley divina y opongamos resistencia a ello.

Igualdad significa que todos somos hermanos y hermanas. Igualdad significa aprender a comprender a nuestro prójimo. Igualdad significa también no callar cuando él presente su pecaminosidad, su parte humana, como verdad divina, lo que a su vez separa. Para la persona que se esfuerza por vivir en el Espíritu de Dios es importante que guarde a su hermano, a su hermana en su corazón y se esfuerce siempre por querer lo mejor para su prójimo, y que también le sirva en la medida en que su prójimo lo desee.

Pase lo que pase en el mundo, haya enfrentamientos en lo externo –en pensamientos o palabras–, nunca deberían desembocar en una acción que nos haga volvernos violentos. Aclarar es bueno, pero ello no debería conducir a un acto negativo. Porque entonces no llevamos a nuestro prójimo en nuestro corazón, sino que juzgamos, evaluamos y nos situamos por encima de nuestro prójimo. Y entonces no solo querremos aclarar y poner las cosas en su sitio, sino que volveremos a declararle la guerra, como quizá hicimos en encarnaciones anteriores.

Por eso, para nosotros «vivir en el Espíritu de Dios» significa: igualdad. Todos somos hermanos y hermanas. Vivir con esta consciencia significa dar el primer paso hacia la vida, hacia el Espíritu de Dios. Nuestro hermano vale tanto para nosotros como nosotros mismos. Nuestra hermana vale tanto para nosotros como nosotros mismos. En nuestro corazón todos estamos unidos por Dios. Lo humano, lo pecaminoso nos separa, pero quien tenga en cuenta una y otra vez el corazón, las profundidades del alma de su prójimo, llegará a conocerse a sí mismo y también a su prójimo.

La igualdad –todos somos hermanos y hermanas– da lugar a la unidad, hacia el siguiente paso hacia la vida en el Espíritu de Dios. Unidad significa que estamos unidos en Dios. Uno apoya al otro; está por su prójimo y con su prójimo, porque la igualdad nos lleva a la unidad y nos une. Esto solo puede dar lugar a la hermandad, es decir, a la fraternidad y al conocimiento de que todos juntos somos hijos de Dios. Si todos nos consideramos hijos de Dios, ¿quién quiere darse importancia? Cuando Dios nos dice: «Hijos Míos», ¿quién quiere sobresalir y darse importancia? Solo aquel que no quiere entrar en el Espíritu de la vida, que se engalana con su ego humano y cree que este es el adorno y el honor, y que esta sería también la virtud. El verdadero adorno y la verdadera virtud es la fraternidad, igual a hermandad, la unidad con el prójimo, la consciencia de que el Padre nos llama: «¡Hijos Míos!». En las palabras «hijos Míos» está de nuevo: el hermano, la hermana, hermanos.

¿Qué nos separa de los principios de la vida interna: igualdad, libertad, unidad, fraternidad, justicia? Solo nuestro hábito, nuestro ego, nuestra corona, nuestro yo. «Yo valgo más que tú» –¿dónde está el valor? ¿En las posesiones, en la reputación, en los títulos? Un instante después llega la muerte. ¿Quiénes somos? Exactamente aquello que pensamos. Con nuestro último aliento, todo título cae y la corona se derrumba. Entonces podemos estar frente a nuestro ego y mirarlo y trabajarlo hasta que nos demos cuenta de lo que significa la igualdad, lo que significa la libertad, lo que significa la unidad, lo que significa vivir en el Espíritu de Dios.

Y alguno dirá: «Así que vivir en el Espíritu de Dios significa ante todo ser perfecto». Un alma en un ser humano se vuelve perfecta en esta vida, otra alma allá en el Más allá, la siguiente alma en otra encarnación o en otras encarnaciones. ¿Queremos esperar tanto tiempo hasta que podamos decir: «Vivir en el espíritu de Dios»? Esto sería triste, porque entonces no habría ninguna gracia ni amor de Dios.

Si reconocemos cada día nuestra naturaleza humana, nuestros pecados, los purificamos con Cristo en nosotros y no los hacemos más, y cumplimos día tras día una o dos legitimidades de la vida, podremos decir: Vivimos en el Espíritu de Dios, aunque todavía no seamos perfectos.

La vida perfecta en el Espíritu de Dios es lo Absoluto, es la inmersión total en la corriente, de modo que somos por completo la ley de la vida, que vivimos y cumplimos del todo el amor y la sabiduría de Dios. Pero la gracia y el amor infinitos de Dios nos elevan, nos introducen en la corriente del amor y nos dicen: «Para ti, hijo Mío, vivir en el Espíritu de Dios significa reconocer cada día tus aspectos pecaminosos, purificarlos con Cristo y no hacerlos más, y así cumplir también paso a paso las legitimidades de la vida».

Esto ya es vida en el Espíritu de Dios. La gracia y el amor infinitos están a nuestro lado. Demos el primer paso, que es: «Mi prójimo es mi hermano, mi hermana. Lo que me fastidia de mi prójimo es lo que en mí mismo todavía es fastidioso, y muestra que en mí llevo las mismas cosas o cosas parecidas, los mismos pecados o pecados parecidos».

Cristo en nosotros espera que acudamos a Él y recorramos con Él el camino de la purificación, lo que significa: Arrepiéntete de todo corazón de tus pecados que has reconocido. Pide perdón. Perdona. Enmienda lo que aún se pueda enmendar y no peques más. No hacerlo más significa: cumple una o algunas legitimidades de la vida.

Y permanecemos de la mano de Dios cuando reconocemos lo que cada día nos mueve, lo que nos excita, nuestros aspectos pecaminosos, los purificamos con Cristo y no los hacemos más. Entonces nos mantenemos firmes de la mano del Padre.

Si nos aferramos a esto día tras día, empezamos a vivir, y la vida es Dios. Todo lo demás es vegetar. Por tanto, «vivir en el Espíritu de Dios» significa para nosotros reconocer cada día nuestros aspectos pecaminosos y con el poder del Cristo de Dios en nosotros purificarlos y no hacerlos más.

Cada persona es en lo profundo nuestro prójimo. Sus aspectos pecaminosos, que nos molestan, son también parte de nuestros aspectos pecaminosos. Si reflexionamos una y otra vez sobre nosotros mismos, experimentaremos nuestro ser demasiado humano. Si purificamos lo humano, lo pecaminoso, encontraremos entonces nuestro verdadero ser y entraremos en el océano de Dios.

Así pues: Vivir en el Espíritu de Dios –mi prójimo es mi hermano, mi hermana; así es como empezamos a adentrarnos en el reino del ser más interno. Así es también como empezamos a vivir.

En «Las grandes enseñanzas cósmicas» de Jesús de Nazaret dice:

«Quien se abre a la luz del interna, gana belleza interna, porque su alma alcanza la pureza».

Abrirse a la luz significa reconocernos diariamente, purificar con Cristo nuestra naturaleza demasiado humana y no hacerlo más.

«La belleza, igual a pureza, es un atributo del verdadero SER. La belleza y la pureza verdaderas no pueden ser imitadas, porque el vestido interior es amor cósmicamente irradiante».

Así que siempre depende del interior. Mientras queramos probarnos a nosotros mismos en el exterior, nos distanciamos del interior. Si queremos purificar nuestra alma, iremos a Cristo y aclararemos lo que el día nos muestra.

Cristo nos manifestó:

«El día en que vivas completamente en Mí, serás elevado a la verdad y serás la verdad. La verdad no necesita preguntar; ya no necesita buscar; sabe

acerca de todas las cosas, porque ella es la verdad. Si te has elevado a la verdad, eres divino».

Esto significa que estamos absolutamente en Dios, nuestro Padre, como seres perfectos.

«El ser humano en la luz de la verdad habla un lenguaje diferente. Lo que dice está traspasado por la luz de la verdad y, por tanto, es altruista. El que es veraz no conoce el darse importancia –él es».

Eso podría ser una tarea para nosotros. Cada uno decide por sí mismo.

«El ser humano en la luz de la verdad habla un lenguaje diferente». Eso significa que no se limita a decir tonterías: intenta sentir a su prójimo, intenta servir a su prójimo. Ya no quiere darse importancia. Su palabra también está impregnada por la verdad. Es altruista, es decir, no está asociada al pecado, sino al Yo eterno, a la Ley del amor.

«El verdadero SER es la luminosidad interna. No necesita muchas palabras –irradia–. Tampoco busca el aceite para su lámpara –es, porque es lo

verdadero, bello, lo eterno y la eternidad, la luz que nunca se extingue, porque es divina–. Esto eres tú a la luz de la verdad.

La verdad no se vanagloria; ella es. Ella irradia, e irradia a todas las almas, personas y seres, a todo lo que es. Quien anhela la verdad, recibe, según su madurez espiritual, destellos que provienen de la luz de la verdad. Cuantos más destellos sea capaz de recibir, tanto más intensa y extensa será la luz de su alma. Le alumbrará en el camino hacia adentro que lleva a Dios».

Cada día, una chispa más de la verdad conduce a la verdad absoluta, a la Ley Absoluta. Y si cada día descubrimos una chispa de la verdad en nuestra alma, habrá cada vez más chispas. De este modo recibimos gradualmente toda la verdad y también todo el resplandor del alma. Entonces todo está irradiado y el alma vuelve a ser una con Dios, la verdad. Eso es la perfección.

Seamos conscientes de que vivir cada día una chispa de la verdad significa vivir en el Espíritu de Dios.

¿Dónde nos encontramos con nuestra consciencia?

De una hora de enseñanza de Gabriele
el 8 de enero de 1995

¿ónde están nuestros sentimientos, sensaciones, pensamientos, palabras y acciones?

Más de una persona tal vez piensa: «Si nuestra consciencia está en otra parte, entonces tendríamos que caernos, tendríamos que estar muertos».

Pero mientras tanto muchos de nosotros sabemos que cada célula del cuerpo tiene tres aspectos de consciencia, que los tres aspectos de consciencia están presentes en la sangre, incluso en cada átomo: Es el consciente de cada individuo, el subconsciente de cada uno y la consciencia espiritual. Así que la consciencia espiritual está en todas partes –eso significa que Dios es omnipresente y por lo tanto está presente en cada momento, tanto si estamos en una que otra parte con nuestro consciente y subconsciente o en el presente en Dios.

Dios es vida. La consciencia divina en nosotros es vida. Por tanto, nuestro cuerpo no puede fallecer mientras la consciencia espiritual esté en nuestras células, es decir, en nuestro cuerpo. Aunque nuestro consciente y el subconsciente estén aquí y allá, Dios sigue presente en nosotros. Y Él es la vida, Él es la vida en nuestro aliento, Él es la vida en cada célula, en cada átomo, en cada molécula. Dios, la vida, está en todas partes, en cada componente. Mientras la vida permanece en el cuerpo, el cuerpo vive, también aunque nuestra consciencia esté aquí y allá.

¿De qué se componen nuestro consciente y el subconsciente? Están formados por nuestras cargas, por las causas, es decir, por lo pecaminoso. Pero también se componen de recuerdos: recuerdos de nuestra juventud, recuerdos de cosas pecaminosas que hemos superado. Todos estos recuerdos en el subconsciente son ayudas para nuestra existencia terrenal. Son advertencias. Lo pecaminoso que hemos superado nos amonesta en nuestro consciente cuando queremos volver a hacer lo mismo o cosas similares.

Surgen brevemente recuerdos de la infancia, y entonces tenemos que preguntarnos: ¿estos recuerdos solo han despertado brevemente por acontecimientos externos, por conversaciones, o nos han puesto en movimiento? En el momento en que nos ponen en movimiento, estamos también allí: estamos en la infancia, estamos en el pasado. Y entonces sabemos que algunas cosas están purificadas.

Todo lo que nos incomoda está intentando decirnos algo. Y cuanto más tiempo nos toca desagradablemente, más tiempo estamos allí con nuestro subconsciente, en esos lugares del pasado y con lo que ocurrió durante ese tiempo. Nos vemos en nuestra juventud, nos vemos en imágenes, incluso nos escuchamos cuando hablamos de esa época. Sabemos de repente lo que dijimos e hicimos. Si algunos aspectos de estas imágenes nos excitan, si el sistema nervioso se pone tenso, estamos en estos lugares con nuestra consciencia, y estos lugares señalan que todavía hay causas subyacentes, es decir, imanes.

O seguimos acumulando estos imanes, en cuyo caso pueden atraernos de vuelta a estos lugares en las próximas encarnaciones o como alma cuando hayamos desechado el cuerpo –o estamos atentos, purificamos y así nos movemos más y más hacia el presente, hacia nuestra consciencia espiritual.

Estamos en la Tierra para reconocer, purificar y dejar de hacer las cosas pecaminosas que van contra la consciencia espiritual. La consciencia espiritual irradia entonces a través de nuestra mente, que está entonces impregnada por las leyes de Dios. Así es como la consciencia espiritual obra a través de nosotros. El subconsciente se ha purificado hasta tal punto que allí solo yacen los recuerdos del pasado, los recuerdos de las más diversas situaciones de nuestra juventud, en el trabajo –o sea lo que fue. Y estos diversos recuerdos nos sirven en nuestra vida terrenal para que no repitamos las cosas pecaminosas que hicimos y purificamos entonces.

Podríamos preguntarnos: ¿Dónde estuvimos por ejemplo en los últimos días, dónde estuvimos el año pasado? ¿Hemos estado en Dios? ¿O hemos refrescado y ampliado nuestros imanes del pasado? ¿Hemos purificado lo que ha sucedido en los lugares más diversos –donde yace nuestro magnetismo, es decir, la pecaminosidad–, para encontrarnos cada vez más en el presente, en Dios, que habita en nosotros?

Por eso deberíamos preguntarnos: ¿Cómo fue en el lugar de trabajo? He trabajado; he cumplido mis tareas en la medida de mis posibilidades. Pero ¿las cumplí realmente? ¿Las impregné de fuerza interior? ¿O me limité a llevarlas a cabo? Estuve con mi familia. ¿Estuve conscientemente en la familia? ¿Llené realmente lo que hablé e hice en la familia con el poder de la presencia de Dios? ¿O solo he hablado y actuado? ¿Estuve físicamente presente, pero ausente con mi consciencia? ¿Y dónde estaba yo?

El «dónde» es interesante. Nos dice qué es lo que yace todavía en nuestro subconsciente; nos revela los imanes que tenemos allí; nos dice si hemos formado o deshecho este magnetismo negativo. Y así vamos descubriendo paso a paso qué causas, qué es lo pecaminoso que aún sigue presente. No nos enteramos de todo porque no podemos penetrar en todas estas capas diferentes a la vez. Pero experimentamos una o dos capas que están por encima de la consciencia espiritual para averiguar: ¿Cuál es realmente mi futuro? –Es el imán, lo pecaminoso que alimenté allí con mi consciencia cuando trabajaba aquí.

Seguro que todos hemos estado de vacaciones alguna vez. –¿Estuvimos de vacaciones? Solemos decir: «Por supuesto. Todo fue muy bonito». ¿Fue todo bonito? El sol brillaba, los pájaros cantaban, las flores florecían, el cielo era azul. Pero ¿dónde estábamos nosotros? ¿Estábamos realmente en comunicación con el azul del cielo, con las innumerables fuerzas de los cielos, con los rayos del sol que calentaban nuestros cuerpos, con las flores que nos alegraban, con el viento que nos acariciaba, con las piedras que yacían en el suelo? ¿O dónde estábamos nosotros? ¿Dónde?, eso es lo decisivo. ¿Qué hemos alimentado? ¿Hemos purificado el imán del pasado, las cosas pecaminosas que nos movían? ¿O hemos agrandado el imán?

También podríamos dar una mirada retrospectiva para ver dónde estábamos realmente y qué alimentamos en determinadas circunstancias. Si nos fijamos bien y somos sinceros con nosotros mismos, podemos explorar aspectos de nuestro futuro. Porque como fue ayer, así será mañana, si no purificamos con la ayuda de Cristo el ayer, lo demasiado humano, lo pecaminoso, y seguimos haciéndolo.

Esto nos hace volver al alma y al ser humano. ¿Queremos reconocer nuestros imanes y purificarlos antes de que nos causen dolor? ¿O queremos esperar a que nos provoquen dolor físico o emocional? Reconocemos que como seres humanos no sufrimos inmediatamente por lo que hemos grabado en nuestro interior. Pero se nos muestra una y otra vez –si nos observamos a nosotros mismos, es decir, si nos controlamos.

Una vez que un dolor está presente, nos sentimos atraídos una y otra vez por el dolor. Ya un pequeño pinchazo descontrola el sistema nervioso y ya no podemos pensar en otra cosa que no sea el dolor causado por el pinchazo.

¿Cómo será en el Más allá cuando las causas se hagan efectivas? Entonces pensaremos a menudo reiteradamente en el dolor; pero con el dolor también vienen imágenes. Estas imágenes vienen también cuando somos seres humanos. En el dolor tenemos que esforzarnos mucho más para encontrar las imágenes que en el momento en que surge el recuerdo.

Si estamos alerta, se nos recordará de inmediato cuando nuestra consciencia sea atraída hacia tal o cual lugar. El magnetismo influye en nosotros, surgen imágenes; todavía no duelen. Por lo tanto, tenemos la oportunidad de reconocerlas y purificarlas antes de que se vuelvan dolorosas. Así reconocemos la gran misericordia que tenemos como seres humanos, porque esta gran misericordia también nos ayuda a no cargarnos más tan a menudo ni tan fuertemente de culpa.

Volvamos a la pregunta: ¿Dónde estamos con nuestra consciencia?

La inquietud es a menudo el movimiento de nuestra consciencia, que quiere decirnos: Puede que estés físicamente presente, puede que estés trabajando, pero ¿dónde estás realmente? Purifica lo que te mueve y vuelve al presente. Porque eso es lo que Dios quiere.

Estemos donde estemos, vayamos donde vayamos y estemos, preguntémonos: ¿Dónde estamos?

Si estamos en Dios, entonces estamos presentes. Si no estamos en Dios, estamos distantes y con nuestra consciencia presentes en diferentes lugares –allí donde se sienten atraídos nuestros pensamientos, nuestros deseos, nuestras pasiones.

Si nuestros pensamientos son atraídos hacia nuestro prójimo, también tenemos que averiguar si no hemos herido ya a nuestro prójimo con lo que hacemos, lo que pensamos, si hemos interferido en su vida, si hemos influido en sus comunicaciones con nuestra forma masiva de pensar. Y aquí tenemos que preguntarnos: ¿Qué es lo que en el fondo hay en mí?

La excusa por sí sola no basta. ¿Qué motivo hay de fondo? ¿Dónde están las imágenes de mi pasado? ¿Cuáles son los imanes que me empujan una y otra vez, para solucionarlos, y para que deje de hacer lo que aún sigue vibrando?

Eso es lo decisivo. La disculpa y pedir perdón está bien, solo que ¿cuál es la situación, qué es lo pecaminoso en mí?

Estas comunicaciones continúan moviéndose en el subconsciente, las comunicaciones con lo que antes hemos introducido en nuestro interior. El alma también está implicada en el subconsciente, porque lo pecaminoso que introducimos en la estructura de partículas del alma también está en constante comunicación con el mundo estelar, con los astros en los que hemos almacenado nuestros aspectos pecaminosos. Para el alma, estos son los caminos hacia el Más allá. Nosotros mismos determinamos a cada instante el camino hacia el Más allá. Las comunicaciones que establecemos son los caminos hacia el Más allá y desde el Más allá de vuelta a este mundo.

En la Tierra esto significa: Purificar la carga reconociendo, arrepintiéndose, remediando –en la medida de lo posible– y no volverla a cometer; en el Más allá se llama: Purificación a través de la expiación. Allí está el dolor. –Aquí la ayuda, que es reconocer y purificar a tiempo.

También oímos hablar a menudo de comunicación. La comunicación positiva reconstituye a la persona, la persona alcanza una vibración más alta, una vibración positiva, fluye más energía en el alma y también en el cuerpo.

¿Mantenemos comunicación con la vida, con Dios, o nos comunicamos con lo propio que hemos introducido en nuestro interior, con el pecado? La comunicación con nosotros mismos, es decir, con nuestras propias introducciones, es un círculo; siempre estamos girando en torno a nuestras propias situaciones, a nuestros propios deseos, a nuestros propios intereses. Esto cansa, esto vuelve apático, esto trae tristeza al corazón. ¿Por qué? Porque con ello estamos construyendo la carga negativa.

En cambio, la comunicación positiva nos ayuda a purificar algunas cosas y nos da más fuerza.

La comunicación es vida, y la comunicación positiva, la comunicación con Dios, es la vida en el presente, es la vida de la libertad que conduce a la felicidad y a la armonía interna, al equilibrio entre el alma y el cuerpo.

A través de la comunicación positiva recibimos también impulsos de la Divinidad. Dios siempre quiere ayudar, siempre quiere servir. Y si Dios puede obrar a través de nosotros, en determinadas circunstancias nos guía hacia donde podemos ayudar a una persona.

Más de una persona también habla de la comunicación con la naturaleza. Oímos, por ejemplo, el canto de los pájaros. Vemos cómo las flores florecen bellamente. ¿Pero oímos lo que los pájaros intentan decirnos? ¿Conocemos su lenguaje? ¿Sabemos lo que expresan con su canto? ¿Qué se atribuyen mutuamente?

¿Oímos lo que nos quiere decir la flor a la orilla del camino? Pues ella es consciencia en Dios y tiene su propio lenguaje. ¿Vemos realmente su hermosa forma? ¿Sentimos de verdad su espléndido color? ¿O nos limitamos a decir «es bonita» y pasamos de largo por su lado?

El lenguaje de los pájaros lo aprendemos cuando hablamos la palabra de Dios. La palabra de la flor la escuchamos cuando estamos en comunicación con el poderoso Espíritu creador.

Decimos: «El bosque susurra», ¿oímos lo que nos susurra? ¿Captamos las palabras y sabemos lo que intenta decirnos?

Decimos: «Las estrellas brillan». ¿Sabemos lo que quiere decirnos cada rayo de una estrella, de los planetas, de los soles? Si no estamos en Dios, no captamos las voces, solo decimos que oímos el canto de los pájaros, que sentimos los rayos del sol, que los planetas brillan, que el viento susurra, que la flor florece.

¡Qué pobre es nuestra vida, la existencia terrenal que a menudo tomamos tan en serio! En realidad, somos ciegos, sordos, paralíticos y mudos en comparación con el SER, la Existencia eterna. Debemos retomar nuestra herencia divina. Esta es la palabra de Dios a través de los pájaros, la palabra de Dios a través del susurro del bosque, a través del florecimiento de la flor, a través de la piedra que decimos que es inamovible. Pero en realidad todo está en movimiento porque Dios está presente, y la palabra de Dios está en la más pequeña mota de polvo.

¿Cómo examinamos el mundo de nuestros programas?

De una hora de enseñanza de Gabriele dada el 14 de mayo de 1995

A menudo decimos que podemos reconocer nuestros programas observando nuestros pensamientos. Pero ¿qué son los pensamientos? Los pensamientos son siempre solo la superficie. Si pensamos en un lago, son la superficie del lago. Lo miramos, nos reflejamos, pero solo vemos lo superficial.

Se puede decir que la superficie del lago es el consciente, pero todo el lago está lleno de los programas. De vez en cuando el lago se pone en movimiento y hace subir algo a la superficie, por ejemplo cuando alguien nos enfada. Entonces vemos el movimiento en el lago; el movimiento se expresa en nosotros con palabras, con acciones, también con pensamientos, y decimos: «Vaya, esto hay por debajo». Pero no pensamos: ¿por qué se mueve el lago? Debe de haber sido algo que se encuentra más abajo en el lago lo que ha provocado que este se mueva. No somos conscientes del factor desencadenante. No miramos en las profundidades. Así que debe haber algo más abajo de lo que se nos ha hecho visible en el movimiento.

¿Hay alguna forma de mirar aún más profundamente?

¿Qué se hace con ayuda de la tecnología cuando se quiere explorar el fondo de un lago? Sumergirse. Pero no hace falta bajar hasta el fondo si este es demasiado profundo, también se puede utilizar, por ejemplo, una ecosonda o, si algo se mueve en el fondo del lago, se puede escuchar con un sonar. Entonces se nos plantea la pregunta: ¿cómo podemos escuchar hacia abajo en el fondo del lago? Puesto que algo se ha movido en el fondo, si a la superficie ha llegado un movimiento.

Y así podríamos decir que lo que se mueve por debajo son nuestras sensaciones. También podemos escuchar nuestras sensaciones si las ponemos a prueba –podríamos decir, si los ponemos a prueba emocionalmente. Si conseguimos escuchar las sensaciones, llegar al fondo de ellas, podremos averiguar qué es lo que ha puesto en movimiento el lago, y qué es lo que, en definitiva, determina la superficie.

Tal vez pensamos que son los pensamientos los que mueven el lago. Pero antes de que comenzáramos a pensar, hablar y actuar, ha habido ya antes impulsos; los impulsos fueron a nuestro mundo de sensaciones, y a través del mundo de sensaciones vibran olas que suben a nuestro consciente, de lo que entonces se forman los pensamientos y palabras, también los actos. O sea que solo podemos pensar y hablar lo que llevamos en nosotros como programas. Los programas están frecuentemente en la superficie del lago. Pero estos van hacia abajo capa a capa, y capa a capa también se introducen en el alma, cuando se trata de programas pecaminosos y no de los programas que necesitamos como seres humanos para nuestra existencia diaria.

Estos programas por capas no solo los hemos creado en esta vida, sino que también en existencias anteriores. Ellos están también en nuestra alma. Y tal y como pasamos al Más allá tras la muerte física, podemos volver a venir, si como alma hemos purificado poco o nada.

Decimos a menudo que nuestro cuerpo es de agua y tierra. Pero si entonces es de agua y tierra, todos deberían tener el mismo aspecto. ¿Por qué cada persona tiene un aspecto diferente? Porque el agua y la tierra son moldeados por el mundo de nuestros programas. El agua y la tierra, la forma humana, la moldeamos con nuestro mundo de programas activo, el mundo de programas activo en el alma, en el consciente y en el subconsciente.

En el momento en el que desde los astros, donde nuestros programas pecaminosos están grabados, llegan impulsos, estos llegan a nuestro consciente muchas veces a través de nuestro mundo de sensaciones. Entonces en el consciente experimentamos aspectos de nuestros programas que vienen de muchas capas del lago –para seguir con la imagen. Pensamos, hablamos, actuamos. O sea que actuamos, pensamos, hablamos desde el mundo de los programas, desde lo que introducimos en nuestro interior en esta existencia terrenal o en una existencia anterior. Así somos, este es también nuestro carácter, este es todo nuestro comportamiento, y a esto lo llamamos también nuestra vida.

O sea que si queremos llegar a descubrir el motivo de lo que hoy nos altera, de lo que se mueve en pensamientos en nosotros, lo que muchas veces decimos –y después nos damos cuenta de que no era correcto–, si queremos llegar a descubrir el motivo de nuestros actos egoístas, tenemos que sumergirnos en nuestro mundo de sensaciones. Porque el mundo de sensaciones es muchísimo más claro que nuestros pensamientos, el consciente, y el subconsciente.

Por ejemplo, muchas veces decimos: tengo una sensación que no puedo entender, es algo que está ahí, que me mueve, pero que aún no puedo captar. Este es el mundo de sensaciones. Si vamos a nuestro mundo de sensaciones, el mundo de nuestras sensaciones es entonces donde se pone a prueba nuestra forma de pensar, hablar y actuar. Muchas veces diremos: «Lo que siento ahora, no corresponde a mis pensamientos». Lo que examinamos desde nuestras sensaciones puede decirnos algo diferente y esto es muchas veces el camino hacia la raíz de nuestros programas. O sea que el programa mismo tiene muchas raíces, también podemos decir muchos hilos, raicitas, que a su vez están enraizados con otros programas. Pero si solo pescamos en la superficie, hablaremos solo de nuestros programas o de lo que hemos dicho o hecho, pero no llegaremos al fondo.

El mundo de sensaciones se podría denominar también el mundo de las percepciones. Percibimos lo que hay en nuestra alma, lo que nosotros mismos hemos puesto allí. Y esta percepción no está ni mucho menos tan teñida como el mundo de nuestros pensamientos y palabras.

Por tanto, el mundo de sensaciones es un bien muy valioso. ¿Qué sucede si no tenemos más acceso al mundo de sensaciones? Somos fríos. Es decir, ya no tenemos más sensaciones, nos hemos vuelto indiferentes, el prójimo nos da igual, somos indiferentes ante todo lo que pasa a nuestro alrededor, solo estamos pensando en nosotros mismos, y cuando pensamos en nuestro prójimo, inmediatamente estamos esperando algo de él, que haga por nosotros lo que queremos de él, lo que nosotros mismos –visto desde el mundo espiritual– no tenemos o lo que no queremos desarrollar. Entonces nos habremos enfriado y estaremos ciegos para la percepción interna.

Por tanto, si ya no tenemos influencia en nuestro mundo de sensaciones, es decir, cuando no podemos orientar nuestros sensores de la superficie hacia abajo, hacia las profundidades del lago, cuando ya no podemos sondear en nuestras sensaciones, la mayoría de las veces ya solo estamos siendo manipulados –manipulados por fuerzas que tienen las mismas analogías y programas similares a los nuestros.

Mientras el acceso a nuestro mundo de sensaciones esté abierto, tendremos acceso a nosotros mismos, a las capas profundas de nuestros programas, y los podremos analizar cuando preguntemos a nuestras sensaciones: ¿Sois lo mismo que mis pensamientos y mis palabras? ¿Sois idénticas a mi consciente, o tenéis otras cosas que decirme?

Y desde capas profundas, desde nuestro mundo de sensaciones, llegan entonces frecuentemente impulsos muy diferentes. A menudos estos son opuestos a nuestros pensamientos, palabras y actos. Esta podría ser entonces nuestra conciencia.

Si la voz de la conciencia y por tanto el mundo de sensaciones está desconectado, somos personas sin escrúpulos. O sea que nos hemos desecho de nuestra conciencia, y nuestro carácter es el correspondiente.

¿Cómo llegamos a nuestro mundo de sensaciones? Hagamos un ejercicio. Cada uno de nosotros piensa. Ahora cada uno piensa algo diferente. Preguntemos a nuestro mundo de sensaciones. Desconectemos por un momento nuestros pensamientos. En lo profundo se encuentran las percepciones de sensaciones más finas. Nos tranquilizamos, nos proponemos examinar nuestro mundo de sensaciones:

¿Qué dice nuestro mundo interno de percepciones, nuestro mundo de sensaciones sobre nuestros pensamientos?

¿Es el mundo de sensaciones, el mundo interno de percepciones, idéntico a nuestros pensamientos?

¿Qué dice el mundo de percepciones, el mundo de sensaciones sobre nuestra actitud externa?

¿Qué dice el mundo de sensaciones, el mundo de percepciones, sobre nuestros pensamientos, sobre nuestras conversaciones que tuvimos ya hoy por la mañana?

Verifiquemos esto, seamos sinceros al examinarnos.

Si hemos podido sumergirnos en nuestro mundo de sensaciones, de pronto habrán surgido pensamientos finos, porque el mundo de sensaciones nos indica en el consciente lo que está en nuestros pensamientos, en nuestras palabras y actos, si el consciente del programa está en orden o qué hay realmente en la raíz del programa.

En lo profundo del alma está lo inescrutable del lago, está Dios. Pero si sondeamos cada vez más nuestro mundo de sensaciones y lo que este nos indica lo confrontamos con los Diez Mandamientos y con el Sermón de la Montaña y cumplimos paso a paso la voluntad de Dios, desde lo inescrutable, desde lo profundo del fondo del alma, sabremos aquello que somos. Nuestros pensamientos se volverán más libres, es decir, más luminosos y divinos.

Nuestras palabras estarán iluminadas por la fuerza del Espíritu, nuestros actos serán altruistas; este es entonces el eco que viene desde el fondo del alma, que es divino, la palabra del Cristo de Dios a nosotros.

Esto significa entonces cuando observamos el lago, que tenemos que sumergirnos, tenemos que reconocer cada vez más las capas de estos programas y purificarlos con la ayuda de Cristo, no volver a hacer más lo pecaminoso, y entonces nos sumergimos en lo profundo del alma, y captamos poco a poco quienes somos realmente.

A veces sentimos un movimiento, pero no lo podemos entender. ¿Quién nos ayuda para que lo podamos comprender? Cristo.

¿Cómo nos ayuda Cristo? No lo hace quitándonos algo. Porque si Él simplemente nos quitara algo que no hemos reconocido, lo volveríamos a hacer una y otra vez. Por la superficie del lago Él nos nuestra lo que pensamos, lo que decimos, cómo actuamos. La energía del día es la fuerza de la que podemos tomar para reconocer lo que hoy podemos examinar para purificarlo con Cristo.

No debemos decir simplemente: «Cristo seguro me ayudará para que me quite lo superficial». Lo superficial es el lago –¿qué hay debajo? Cada día descubrimos una parte de la superficie. ¿Podemos bebernos entonces en una hora todo el lago? No podemos. O sea que siempre recibiremos en forma de porciones lo que hoy podemos soportar, lo que hoy podemos reconocer. Y si aceptamos lo que hoy nos altera y mueve –cuando el lago está en movimiento, cuando una y otra vez vienen los mismos pensamientos–, de nosotros salen palabras a borbotones; y a menudo apenas podemos frenarlas; esa es la superficie del lago, esas son las analogías que nos mueven, eso es lo pecaminoso.

Hoy el Espíritu nos da la posibilidad y la fuerza para reconocer lo que hay en lo profundo de estas analogías, de estos programas activos o partes de programas activos, para purificarlos con Su ayuda y no volverlos a hacer. Pero no podemos decir simplemente: «Amado Dios, estos son mis pensamientos, tómalos y transfórmalos». Tenemos que ver el trasfondo, tenemos que encontrar la raíz. Y ahí es hacia donde nos guía el Señor, si lo queremos. Y la raíz está en el alma, y el alma indica a través de nuestras sensaciones lo que hay en el fondo.

Si nuestros pensamientos están en orden, simplemente tenemos una buena sensación. Pero si algo está mal en nuestro mundo de pensamientos, tenemos una llamada sensación incómoda, y normalmente lo dejamos así. Si esperamos un poco más y dejamos que surja esa sensación incómoda, esta nos habla, porque resuena hacia nuestro mundo de pensamientos y podremos percibirla en nuestro mundo de pensamientos.

La sensación positiva es entonces una sensación buena, de pronto desarrollamos alegría interna, gratitud interna, nos sentimos fortalecidos desde dentro, calmados y tranquilos, de pronto pensamos en Dios, sentimos aspectos de nuestra filiación en Dios; esto es entonces también una señal que viene desde el nivel de sensaciones, esto es entonces la comunicación y una parte de percepción divina.

Si los días pasados han sido en su mayor parte positivos, es decir, si hemos reconocido y purificado algunas cosas, el mundo de sensaciones se abre cada vez más y nos acercamos a él. Entonces el mundo de sensaciones también estará muy despierto por la mañana y nos indicará al despertarnos lo que nos puede deparar el día. Si purificamos lo que ya hemos reconocido por la mañana, el nuevo día volverá a ser bueno. En otras palabras, el mundo de sensaciones puede estar mucho más cerca de nosotros por la mañana que durante el día, así que todo depende de los días anteriores.

Vivimos de forma peligrosa en la ley causal, en la ley de Siembra y cosecha

De una hora de enseñanza de Gabriele dada el 27 de marzo de 1987

Nuestra meta debe ser acercarnos a Dios día tras día. Esto significa: vivir cada día más internamente para liberarnos de nuestro «yo», porque nuestro propio yo es muy peligroso para nosotros. A menudo no queremos creerlo, pero vivir en la ley causal, es decir, en la ley de Siembra y cosecha, encierra muchísimos peligros. Nuestro yo está en la ley causal y, por tanto, como seguimos siendo el yo, estamos en la ley causal. Si estamos preparados para despojarnos gradualmente de este ego con sus muchas variantes, nos encontraremos cada vez más en nuestro ser interior, y el Reino del interior se abrirá dentro de nosotros. Solo entonces podremos vivir desde el Espíritu.

Vivir desde el Espíritu significa vivir en gran parte en la Ley Absoluta. Para cada uno de nosotros esto significa crucificar diariamente el ego. Esto no significa, sin embargo, que debamos mortificarnos, sino que debemos reflexionar brevemente sobre lo que nos llega cada día, ya sea desde el interior o desde el exterior, o ya sea a través de pensamientos o de palabras de nuestros semejantes:

¿Qué nos quiere decir la palabra de nuestro prójimo? ¿Qué quiere decirnos hoy una indisposición? Cuando se nos cae algo, ¿qué intenta decirnos esto? La mayoría de las veces no solemos prestar atención cuando algo se cae, pero deberíamos preguntarnos: «¿Por qué se cae? ¿En qué estábamos pensando en ese momento?».

Todo nos quiere decir algo. Este «nos quiere decir algo» viene del Espíritu interior o de nuestro espíritu protector que quiere advertirnos a cada momento diciendo: «Recapacita, estás viviendo de forma peligrosa. Presta atención a tus sentimientos, intenta pensar de forma positiva, y lo que hables debe ser honesto y salir enteramente de tu corazón».

Mientras no prestemos atención a todo esto, mientras vivamos los días sin más y no aprovechemos los instantes, vivimos de forma peligrosa, y no salimos de la ley causal, hacia la libertad, hacia la

Ley Absoluta, que nos hace ser hijos conscientes de Dios.

Vivir en la Ley Absoluta es vivir de modo impersonal. Podemos ver los errores y debilidades de nuestro prójimo, pero no hablamos de ellos durante horas y días. Solo los mencionaremos cuando sea necesario. Además, vemos a cada uno de nuestros semejantes en la luz del Señor, lo vemos como ser perfecto y vemos la parte de perfección también en nosotros, porque todo lo noble, puro y bello está también en nosotros –también lo noble, puro y bello de nuestro prójimo. Cuando lleguemos a este punto, también estaremos en paz con nuestro prójimo, porque en nosotros hay paz.

Nos daremos cuenta de que cuando pensamos negativamente contra nuestro prójimo, estaremos al mismo tiempo pensando negativamente contra nosotros mismos –todo lo negativo que parte de nosotros lo estaremos dirigiendo también contra nosotros mismos. Ese es el peligro en el que vivimos.

Salir de la ley causal significa: vivir en el Espíritu y vivir desde el Espíritu. Y podemos vivir desde el Espíritu cuando nuestras sensaciones y pensamientos son como nuestras palabras; entonces nuestro ser se impregna gradualmente de lo divino, y nuestras palabras serán de origen divino, pues lo que viene de lo divino es la Ley. A esto se le llama entonces «vivir desde el Espíritu»: tomamos de nuestra consciencia abierta, nos abastecemos de nuestra vida plena y damos con palabras y hechos lo que es divino.

Así que vale la pena aprovechar los días. Estamos en traje terrenal para aprovechar los días, es más, cada instante. Si utilizamos el valioso tiempo, también sentiremos en nuestros corazones lo que se realiza de espiritual. Nos volveremos más dinámicos, más ligeros, más luminosos, y esto se reflejará en el exterior a través de nuestro carácter, a través de nuestra forma de pensar y hablar. Así estaremos viviendo en el ahora, y el ahora es el presente.

¿Qué es lo que nos mantiene en la ley causal? Ninguno de nosotros quiere vivir tan peligrosamente. Vivir peligrosamente a cada instante es agotador. ¿Por qué nos resulta tan difícil salir de ella? ¿No es también porque nos programaron mal desde la infancia? Lo negativo siempre estaba en primer plano. Si había algo positivo, hablábamos de ello brevemente y luego se dejaba a un lado: se daba más importancia a lo negativo, se dejaba de lado lo positivo. Veamos el día de hoy: Si llega algo positivo, tenemos pocas palabras que decir sobre ello; nos alegramos brevemente. Pero si hay algo negativo, hablamos y hablamos sobre ello y esto se exagera.

Y eso es en realidad lo peligroso. Tenemos que transformarnos en sentido positivo, el Espíritu de Dios habla de «transformar» –dejar que lo positivo se desarrolle en nosotros, y eso significa: estar atentos.

Cada mañana podemos hacernos conscientes pensando: «Yo soy un hijo, una hija de Dios». Digámoslo de corazón por la mañana, libremente desde nuestra alma –no solo lo pensemos, sino que digámoslo. En el mismo instante motivamos a nuestra alma y a nuestro cuerpo. Inmediatamente entramos en una vibración diferente, en una vibración más elevada, y afrontamos el día con más alegría, más conscientemente, estamos más claros.

Intentemos llevar estos pensamientos de alegría hacia nuestro interior:

«Soy feliz, estoy contento, soy un hijo, una hija de Dios, soy inmortal. Padre, soy Tu hijo, soy tu hija, Tú me has regalado el día, ¡te doy las gracias! Ahora me vivificarás día a día y me mostrarás lo que hay que superar. Entonces día a día se hará más luz en mí, más luminosidad, más claridad. Me volveré puro, dinámico y así seré Tu imagen fiel».

¿Qué afluye ahora desde nosotros?

Esperanza, confianza, seguridad, sentir la cercanía de Dios.

A veces decimos que nos hemos levantado malhumorados por la mañana. ¿No es así que también por la noche nos acostamos malhumorados?

O sea que depende de cómo nos acostemos por la noche. Si nos acostamos malhumorados, el alma no puede tomar de la luz de Dios, puesto que se mueve en zonas pobres en luz, no pudiéndose liberarse del cuerpo. Pero si nuestro día fue sereno y alegre, o si aún cambiamos al anochecer, pedimos perdón por lo que pasó durante el día, lo que hablamos o pensamos irreflexivamente, si perdonamos de corazón y sabemos que en Dios eso se transformará, el buen humor y la alegría volverán.

También podemos dar gracias por la noche de la misma manera que lo hacemos por la mañana cuando hablamos con Él.

«Te doy gracias, Padre, por el día. Sentí Tu cercanía. Sol, lluvia, viento, nubes –eres Tú. Me has mostrado muchas cosas a través de las palabras del compañero o compañera de trabajo, Te doy gracias. Estaba alterado, ahora veo por qué. Te doy las gracias por ello. Te alabo y ensalzo porque puedo ser Tu hijo, Tu hija, y contigo voy a la noche, al descanso, a dormir. Y tú, alma mía, deléitate con la luz del Señor».

Hablar en voz alta así, de forma sencilla desde el alma, desde el corazón, nos libera y nos proporciona un sueño lleno de bendición y liberación para el alma. Porque cuando el cuerpo está profundamente dormido, cuando el subconsciente está en silencio, el alma puede entrar en zonas más luminosas, según sea su desarrollo espiritual.

Hay tantas cosas positivas, y podemos vivir muchas cosas positivas cada día. Podemos encontrar lo positivo en lo negativo, y lo encontramos si queremos. Así que tenemos motivos de sobra para dar cada día las gracias a Dios, nuestro Padre.

Y deberíamos darle las gracias con cada pensamiento, con cada palabra, y especialmente cuando hemos llegado al descanso, por la noche. También por la mañana, cuando aún estamos tranquilos, o al mediodía podemos buscar brevemente un momento de silencio y darle las gracias, ¡eso da tanta fuerza! Entonces nos sentimos cada vez más orientados hacia la fuerza interna, y con el tiempo sentiremos lo que significa vivir desde el Espíritu de Dios.

El amor de Dios a los seres humanos y a toda criatura

De un ciclo de cuatro horas de enseñanza de Gabriele dadas en mayo de 2004

¿Qué es verdadero amor?

La verdadera enseñanza de Jesús, el Cristo, es el amor. Dios es amor. A menudo escuchamos hablar del amor de Dios, pero ¿somos conscientes de que la Ley, Dios, es el amor que todo lo abarca? ¿El amor cósmico que es un soporte, que une, que simplemente es –el amor, la fuerza fluente? Él fluye por todo el infinito. El amor fluye en nuestra alma. ¿Puede fluir el amor de Dios en nuestro cuerpo de tal modo que nos demos cuenta de que Dios existe, de que Dios es omnipresente?

El amor se compone de las siete fuerzas básicas del infinito, es la Ley de Dios, es la ley del Orden, de la Voluntad, de la Sabiduría, de la Seriedad, de la Bondad, del Amor, de la Mansedumbre.

Las siete fuerzas básicas son las fuerzas universales y son por tanto la Ley cósmica eterna.

El amor es por tanto orden. Orden en el ser humano, en el alma, orden en la naturaleza, en el reino animal, vegetal y mineral. La voluntad de Dios es el camino al silencio. La voluntad de Dios es que cumplamos Sus leyes para, en silencio, tranquilos, mansos y humildes, hacer lo que es la ley: Amor.

Entre las personas a menudo una le dice a otra: «Tú no tienes amor». ¿Por qué Dios no nos dice personalmente «Tú no tienes amor»? Con ello Él nos estaría atribuyendo la falta de amor. Él dice de forma general: «Los seres humanos tienen poco amor» o bien «Muchos no tienen amor». Pero Él no le dice a ninguna persona en particular que ella no tenga amor. ¿Por qué lo hacemos nosotros? Porque a nosotros mismos nos falta amor.

Cuántas veces escuchamos: «No estoy en contra de mis semejantes, no estoy contra los animales, contra las plantas, no estoy en contra de la vida». ¿Nos hemos preguntado alguna vez desde la ley del amor, si no estamos en contra de nuestros semejantes, contra los animales y plantas, estamos entonces a favor de ellos? ¿Y qué significa en realidad estar a favor del amor universal cósmico? Esto significa hacer lo que Dios quiere.

Así pasamos de la voluntad a la acción. Si solo decimos: «No estoy en contra de mi hermano ni contra los animales –estoy a favor de mis semejantes, estoy a favor de la naturaleza, a favor de los animales, es más, estoy a favor de la Ley de Dios», entonces tenemos que preguntarnos: ¿Qué hago a favor de mi prójimo? Porque la pregunta: ¿Qué hago a favor de mi prójimo?, al fin y al cabo nos lleva a la unidad. Hacer algo por el prójimo sin esperar nada a cambio es unidad, y unidad es amor.

El verdadero amor es la fuerza liberadora que no ata al prójimo, que le deja libre. Amor es nobleza de corazón, que deja lugar a la conciencia para sopesar y medir, y así sintonizar con el amor. El amor perdona y encuentra una y otra vez el camino hacia la confianza. El amor es la acción en el sentido del amor a Dios y al prójimo. El amor es el silencio que puede esperar para dar cuando haya llegado el momento para ello. El verdadero amor activo deja libre al prójimo sin abandonarlo, o sea, sin darle la espalda con las palabras: «no tengo nada contra ti». El amor lleva al prójimo en el corazón no importando cómo este se comporte con el que le ama, contra Dios. El amor es la gracia del corazón que se manifiesta en y con el prójimo. El amor a Dios es siempre indagar de acuerdo con Su voluntad, para hacer lo que Dios quiere.

El camino del amor comienza con el orden

¿Qué significa para nosotros «orden»? Un aspecto de Dios en las siete fuerzas básicas de la vida.

¿Dónde tengo que poner orden? Primeramente en la cabeza, lo que significa mirar qué es lo que nos apremia, lo que es contrario a las leyes de Dios, sopesar lo que está a favor y en contra de Dios. Quien no pone orden en la cabeza permanece nervioso, irreflexivo, contrario a las leyes de Dios. Esto significa que el amor de Dios solo fluye al cuerpo como energía sustentadora y se manifiesta en la respiración, es decir, mantiene el cuerpo con vida. Pero la persona no estará tranquila si no pone orden en la cabeza, porque el orden en la cabeza para tranquilizarse pasa por el sistema nervioso y hace que la persona tenga movimientos armoniosos, gestos armoniosos, hace que la persona tenga pensamientos y comportamientos positivos.

Con nuestro desorden y con nuestra forma limitada de hacer lo que Dios quiere, al fin y al cabo queremos ocultarnos de Dios, del amor. Pero Dios nos ve, no importa cómo nos comportemos o dónde nos ocultemos. El amor verdadero no se oculta, se manifiesta a través de la persona que ama a Dios. El amor es la obra de lo bueno. Dios es bueno. El amor llega a los corazones abiertos a través de lo bueno.

Preguntémonos qué es un corazón abierto. Es el latido del infinito, el latido en el fondo del alma que lo une todo: personas, animales, plantas, piedras.

Es el latido del universo, porque nosotros –cada uno de nosotros– en lo más interno del alma es un ser del universo.

Los seres humanos pensamos: Algún día, en el momento en que abandonemos el abrigo terrenal, el cuerpo, estaremos en algún lugar. Bien, ¿dónde está ese «algún lugar»? Nosotros mismos lo determinamos. Pero mientras no sepamos de dónde procedemos, tampoco sabremos a dónde vamos después de la muerte del cuerpo. Miraremos las estrellas y diremos: «Bueno, allí arriba estará ese algún lugar». Pero no vamos «hacia arriba», sino que vamos hacia el universo, porque el universo es infinito. Pero algunos planetas tienen lo que hemos grabado en nuestro interior y nos retienen impidiendo que vayamos hacia el universo de materia más fina. ¿Por qué nos retienen los planetas? Porque nos hemos ocultado del amor, porque hablamos mucho del amor, pero dejamos de lado la nobleza del corazón. No hemos abierto el corazón interno o lo hemos abierto solo en parte. Con ello la Bondad, que es Dios, fue retenida por el ego, que siempre se quiere demostrar a sí mismo.

Dios es el silencio, y solo alcanzamos el silencio interno si en primer lugar ponemos orden en nuestros pensamientos, es decir, orden en nuestra cabeza. Solo cumpliremos la voluntad de Dios si nos cuestionamos a nosotros mismos: «Bien, ¿es la voluntad de Dios lo que pienso o lo que hago, toda mi forma de comportarme?». En el momento en el que nos apartamos del otro y decimos «no tengo nada contra ti», deberíamos preguntarnos siempre: «¿Qué tengo a favor suyo?». Esta pregunta nos hace cambiar y acercarnos al prójimo. Y esta pregunta: «¿Qué tengo a favor de la naturaleza, a favor de los animales?», aborda la fuerza de la acción, porque amor es estar activo.

Los seres humanos empleamos muchísima energía para pecar. Para volvernos buenos con la ayuda de Dios necesitamos mucha menos energía. Pero Dios nos deja decidir lo que queremos, porque como seres de la luz nos dio libertad absoluta, y esto contiene, entre otras cosas, también el movimiento cósmico en el universo, cuando hayamos abandonado el vestido del ego, tan pesado como el plomo.

El verdadero amor no hace diferencias

Tenemos que preguntarnos si lo que llamamos amor realmente es el amor de Dios.

El amor de Dios es el amor sustentador. Aunque no estemos de acuerdo con el comportamiento de nuestro prójimo, no debemos amar el pecado en él, pero nunca deberíamos alejarnos de él y deberíamos llevarlo siempre en el corazón. Al fin y al cabo es cuestión de práctica no hacer diferencias, no importa de qué manera y con quién nos encontremos. No importa cómo se comporte el prójimo con nosotros, el amor de Dios es el amor sustentador. Esto quiere decir que no lo abandonamos sacándolo de nuestro corazón. Acojámosle conscientemente en nuestro corazón y reconozcamos que el amor activo es siempre el amor que puede esperar hasta que el prójimo esté preparado para que uno se pueda dirigir a él. Pero nunca nos apartemos del prójimo.

El amor sostiene. El amor une. El amor significa no hacer diferencias. A menudo nos resulta difícil dejar de diferenciar, pero Jesús enseñó el amor: *«Ama a tus enemigos, haz el bien a los que te odian»*. Por tanto: ¡amémosles y no les saquemos nunca de nuestro corazón! Y si podemos hacer algo bueno por ellos, sea del modo que sea, hagámoslo. Eso sí, esto significa estar atento durante el día.

¡No dejemos pasar la oportunidad de que Dios actúe a través de nosotros! Aunque el prójimo no tenga buenas intenciones con nosotros, aunque lo que más nos gustase fuera rechazarlo, interioricémonos y digamos: «Dios no le rechaza, ¿por qué lo hago yo? Eso no es el amor, hacer diferencias».

Amor significa dar siempre. Dios da sin cesar, pero no nos impone el amor. Por eso en la ley de la vida esto significa para nosotros:

Calla, fíjate bien, pero compórtate como si no fueras visible. Escucha para dar a otros una respuesta correcta, o hacerles llegar ayuda o encontrar para ellos una solución legítima. Pero no participes de los chismes de los chismosos.

Si aprendemos esto ya no rechazaremos a nadie más, estaremos siempre atentos para sentir lo que Dios quiere.

Alguien tal vez piense: «Es muy difícil retener todo esto y comportarnos así». Pero todo es una cuestión de práctica. Y una vez que nos demos cuenta lo que significa no apartarnos del prójimo, llevar simplemente al prójimo en el corazón, estar tranquilos, escuchar, encontrar para él la respuesta correcta, la ayuda, o una solución legítima, sentiremos que nosotros mismos nos hacemos más libres. Y cuanto más nos liberamos tanto más se acerca Dios a nosotros.

Por eso siempre se trata de: Calla y sabe que Dios, el amor eterno, vive en ti.

Un ejercicio más: Interioriza cada día este conocimiento: Dios vive en ti.

Así honraremos paso a paso a Dios mediante las obras del amor altruista, porque no nos apartaremos del prójimo, sino que sentiremos lo que el prójimo necesita. Y ya no diremos: «Estoy a favor de los animales porque soy vegetariano» y nos conformaremos con ello.

Reconoceremos que tenemos que hacer algo por nuestro prójimo animal, por nuestros pequeños hermanos, ya que el amor es la acción. Porque «Dios en nosotros» también significa: sentir y afirmar a Dios en nuestro prójimo, en todos los animales, plantas y minerales, ayudarlos y estar a su servicio, y encontrar a Dios en el universo, en el infinito, porque somos seres del infinito.

Por eso aprende y practica a diario para alcanzar la consciencia: Dios está en ti. Detente a menudo durante el día y piensa, piensa hacia tu interior: Dios en mí.

Quien se ponga esta tarea, ganará respeto por todos los seres y formas de vida. Y sus oraciones hablarán por sí mismas, fluirán desde el corazón del amado, de nosotros, los que amamos a Dios y a todo lo que es de Dios.

Si permitimos que Dios, el Padre eterno, quiera fundirse en Su amor con nosotros, con Su hijo, con Su hija, sentiremos a Dios, el Eterno, conscientemente en nuestro corazón. ¿Qué dijo Jesús de Nazaret? Quien Me ame, cumplirá Mi palabra. Sus palabras son la ley del amor y el camino para volvernos uno con la Ley, Dios, que es el amor. Quien Me ama dice Jesús, el Cristo cumplirá Mi palabra. Y la voluntad de Dios es que reconozcamos y cumplamos Su palabra, haciendo lo que Dios quiere.

Preguntémonos: ¿El contenido de nuestros pensamientos y palabras es la voluntad de Dios? Si no es así, entonces todavía hay desorden en nuestra cabeza y el silencio no puede entrar.

¿Cómo podemos sentir la libertad?

Para ser libre, hay reglas muy sencillas, por ejemplo: Lo que podamos hacer nosotros mismos no se lo deberíamos cargar a nadie. Lo que podamos cargar nosotros mismos, no debemos cargarlo a otros. A donde podamos ir nosotros mismos, no debemos hacer ir a otros.

Esta sencilla regla nos lleva cada vez más hacia nosotros mismos. Esto significa que también ganamos más respeto por nuestra verdadera vida. Pues la dignidad del ser humano reside en el autorreconocimiento de sus pensamientos y acciones erróneos. Quien corrige las cosas que hasta ahora le han hecho carecer de dignidad –por ejemplo, dejar que otros hagan lo que él mismo puede hacer–, sus pensamientos y su comportamiento también se tornarán positivos. Así se desarrolla la libertad. Este es un aspecto importante de la dignidad, porque el amor al prójimo conlleva libertad, y dejar libre al prójimo conlleva a su vez amor.

Los animales viven en conexión con el Creador

Precisamente de los animales el ser humano podría aprender mucho. Los animales son muy inteligentes. Tienen una comunidad familiar maravillosa, sobre todo cuando a los animales se les da libertad, cuando pueden desarrollarse libremente sin miedo a ser sacrificados, descuartizados o sufrir. Este desarrollo libre de los animales nos permite reconocer muchas cosas.

Los animales tienen un maravilloso sentido de la familia. Puede que de vez en cuando se comporten de forma un poco brusca entre ellos, pero lo compensan acercándose de nuevo y estando juntos. Es raro que un animal dé la espalda al grupo y se aleje. Esto solo ocurre cuando los seres humanos hemos intervenido en ellos, si los hemos doblegado con nuestro comportamiento, y si, por ejemplo, hemos intervenido en sus genes.

Cuando los animales nos tienen miedo, huyen, pero cuando se dan cuenta y sienten que se les quiere, se percibe este maravilloso sentimiento de familia y amor entre ellos.

También he observado que las familias de animales tienen un cierto ritmo, un orden en sus vidas. Tienen sus tiempos de descanso y sus tiempos de actividad. Y he aprendido a no entrar sin más en el grupo familiar de animales diciendo –«¡Hola, aquí estoy yo!»–, sino a acercarme con mucho cuidado y hablarles con calma. Si quieren acercarse a mí, me alegro. Si tienen otros planes, me voy con mucho cuidado y no interfiero en su ritmo de vida.

Observar esto me hace feliz y me llena de alegría por un lado, pero por otro es muy doloroso darse cuenta de lo que los seres humanos causamos a los animales, de lo que hacemos. Interferimos en el vínculo familiar. Alejamos a las crías de sus madres. Ellas lloran y gritan. Si una madre animal no ve a su cría, la llama inmediatamente, y si la cría responde, te das cuenta de lo feliz que es la madre. Pero a las crías de los animales se les aleja de sus madres, por ejemplo, para que la madre vaca pueda darnos leche, y muchas cosas más. Los seres humanos nos hemos vuelto crueles. Nos creemos superiores a los animales.

Hoy, después de haber observado mucho, mucho, puedo decir que los animales son más inteligentes que los seres humanos. Tal vez las personas, con su ego centrado únicamente en sí mismas, perciben que los animales tienen un cierto sentido de familia, que viven en el Creador, que son más inteligentes –y por eso torturan al mundo animal, maltratan a las plantas y a la madre Tierra, porque el adversario de Dios les incita a hacer esto para luchar contra Dios.

Queridos amigos, ¡luchemos juntos por el amor entre nosotros seres humanos y por el amor a los animales!

Luchemos juntos para que el gran Espíritu creador nos muestre a nosotros, seres humanos de mente estrecha, lo grande que es el mundo animal y lo que, al fin y al cabo, podríamos ser como hijos e hijas de Dios si tomamos el camino hacia el corazón de Dios, si volvemos a ser lo que late en lo más profundo de nuestras almas: el amor que todo lo abarca y que es unidad, amor por lo más profundo de nuestro prójimo, amor por los animales, por las plantas, por toda la madre Tierra y amor por el gran universo al que un día regresaremos cuando el «manto ser humano» haya caído.

Y quién no desea llegar al Reino etéreo, a nuestro Hogar, que al fin y al cabo estamos buscando y buscando –y estaremos insatisfechos e infelices hasta que nos sumerjamos en el poderoso océano de Dios, que es amor. Y esto podemos lograrlo ya como seres humanos, si queremos y nos cuestionamos en la consciencia:

¿Estoy haciendo lo que Dios quiere? ¿Estoy en el Camino Interno del Orden, de la Voluntad, de la Sabiduría, de la Seriedad? ¿Estoy en el camino de desarrollar las siete fuerzas básicas, mi ser primario, para que cuando llegue el momento de despojarme de mi manto terrenal, pueda caminar por el universo, a través de los planetas, en medio de la radiación de los soles, de las poderosas fuerzas que son las órbitas de la vida, hacia el Hogar eterno que es, al fin y al cabo, el anhelo del alma?

Una visión clara nos ayuda a sopesar y a medir

El amor de Dios está siempre por el prójimo. Si queremos acercarnos al amor de Dios, primero deberíamos poner orden en nuestra cabeza cuestionándonos: ¿Está lo que pensamos, hablamos y hacemos en concordancia con el sentido del amor al prójimo? ¿Corresponde esto a los Mandamientos de Dios y a las enseñanzas de Jesús, el Cristo? Si no es así, el amor de Dios no puede actuar en nosotros. Perdemos la visión clara por nuestro entorno, por nuestro prójimo, por la madre Tierra. Pensamos solo en nosotros mismos –eso es amor propio.

La visión clara, que es el amor que viene de Dios, nos ayuda a sopesar y medir para reconocer: ¿Necesita el prójimo nuestra ayuda? ¿O solo quiere aprovecharse de nosotros? El amor de Dios siempre está dispuesto al sacrificio, pero no para servir al ego del prójimo.

No debemos amar los comportamientos negativos de una persona. Si amamos las formas negativas de comportamiento del ser humano, animamos así a nuestro prójimo a explotarnos cada vez más. Pero, como se ha dicho, el amor tiene la visión de lo que es verdaderamente positivo en el prójimo. Debemos amar lo positivo del prójimo, eso es Dios. Si aprendemos a amar lo más íntimo de una persona, no la rechazaremos, pero tampoco haremos por ella lo que ella podría hacer por sí misma. Aceptaremos interiormente a nuestro prójimo y no nos apartaremos de él. Ayudar cuando se necesita ayuda –sí. Pero siempre sopesaremos: ¿Necesita él esta ayuda, o puede ayudarse a sí mismo recibiendo nuestro apoyo?

El amor egoísta es el amor personal

La mayoría de los seres humanos se ocupan muchísimo de sí mismos. Por eso también se han distanciado cada vez más de Dios. Así que tenemos que decir que no es Dios quien se ha alejado del ser humano, sino que los seres humanos se han alejado de Dios. Y así también se distanciaron de Sus Mandamientos y de la enseñanza de Jesús, el Cristo. Si el ser humano está centrado solo en sí mismo, si piensa solo en sí mismo, en su propio bien, intenta constantemente explotar a los demás, hacer que piensen y trabajen por él.

El amor egocéntrico es el amor propio, que devalúa al otro para enaltecerse a sí mismo. El amor a Dios y al prójimo es el amor cósmico universal, que no tiene ningún punto de referencia egoísta.

Solo cuando sentimos la grandeza en lo más pequeño, lo superior en lo más insignificante, al Infinito en la infinidad, estamos en el camino hacia la verdad, que es la ley del amor. Solo entonces ya no pensamos tan a menudo en nosotros mismos, nos transformamos en un canal del amor universal, que es unidad.

La ley de Siembra y cosecha

La mayoría de las personas no saben lo que son las fuerzas de los pensamientos. Enviamos incansablemente los contenidos –insisto: los contenidos de nuestros pensamientos– y creemos que no vuelven a nosotros. Pero todo es energía, por lo tanto también el contenido de nuestros pensamientos, que almacenamos en nuestro consciente y subconsciente, en nuestra alma y también en las constelaciones planetarias correspondientes, y que luego vuelven a nosotros.

Así es que podríamos preguntarnos y cuestionarnos: ¿Son los contenidos de nuestros pensamientos la ley del amor? ¿Nos comportamos en la vida cotidiana según los Mandamientos de Dios y las enseñanzas de Jesús, el Cristo? Si no es así, entonces sabemos aproximadamente lo que puede sobrevenirnos.

Muchas personas temen la ley de Siembra y cosecha y la rechazan. Pero no importa cuán vehementemente rechacemos esta ley de Siembra y cosecha, puesto que ella es sin más una legitimidad causal, de que aquello que emitimos, alguna vez regresará a nosotros. Tal como sea el contenido de nuestro modo de pensar –es decir, de lo que emitimos– así viviremos hoy o en el Más allá como alma o en otra encarnación. Sin embargo, la ley causal también incluye el amor de Dios. Pues el efecto, que en última instancia es solo la compensación a nuestras causas que hemos establecido, no nos sobreviene de la noche a la mañana. El efecto, que en última instancia es compensación, es nuestra culpa. Solo puede sobrevenirnos en los reinos de las almas o en una de las próximas encarnaciones. Pero hasta que eso ocurra, el amonestador dentro de nosotros habla – es nuestra conciencia. Por eso nuestra conciencia es un tesoro importante; nos muestra lo que está en contra de la vida o lo que está a favor de la vida.

¿Cómo se hace notar nuestra conciencia?

A menudo se pregunta: ¿Cómo notamos nuestra conciencia?

La notamos a través de nuestro sistema nervioso, especialmente a través del sistema nervioso central, lo llamamos plexo solar, que palpita cerca de nuestro tracto digestivo. Por ejemplo, cuando decimos algo con lo que queremos imponer alguna cosa a los demás, los estamos apremiando, y de repente notamos este apremiar en el sistema nervioso. Nos inquietamos, nos sonrojamos, las piernas empiezan a moverse, el ritmo corporal se altera. La mayoría de la gente no presta atención a esto. Pero si nos retraemos y nos damos cuenta de que ahora el ritmo corporal está cambiando, que de repente nos sonrojamos, que nos estamos volviendo agitados, entonces se está manifestando nuestra conciencia.

Si prestamos atención a nuestra propia agitación, si escuchamos dentro de nosotros, si sentimos una vez en el plexo solar, en el sistema nervioso central, de repente nos damos cuenta de que estamos sintiendo que hemos dicho algo que no es la voluntad de Dios. Nos damos cuenta de que estamos presionando a otras personas, que estamos obligando a otros a hacer algo, que esperamos algo de ellos que en última instancia podríamos hacer nosotros mismos.

Así es como se hace presente la conciencia. Si una persona mata la conciencia, por ejemplo queriendo salirse siempre obstinadamente con la suya, en ese caso ni siquiera se da cuenta de que se está tornando agitado. Se agita y ya no nota la tenue conciencia, porque ya no se serena en absoluto para sentirla. Por eso a menudo exclama: «¡Dios mío, Dios mío! ¡Dios mío, Dios mío! Cómo es esto, ¡todo debería ser muy distinto!». ¿Por qué invoca entonces a Dios? ¿Qué tiene que ver Dios con sus pensamientos causales y con su comportamiento causal? Si entonces le decimos a la persona en cuestión: «Pero lo que Dios quiere es otra cosa», obtenemos la respuesta de que se trata simplemente de un decir: «¡Dios mío, Dios mío!».

Pero ¿por qué los seres humanos consideramos la expresión «¡Dios mío, Dios mío!» de forma tan lapidaria? Porque tenemos miedo. En definitiva, tenemos miedo de nosotros mismos, miedo de lo que hemos introducido de negativo en nuestro interior. Y así también podríamos decir: en nuestra inquietud y con el grito de «¡Dios mío, Dios mío, Dios mío!», el alma en última instancia también está clamando a través de nuestros miedos.

Pero quien logra decir: «¡Dios mío, ayúdame para que me reconozca en mi cerrilidad!», comienza poco a poco a cuestionarse a sí mismo. Una vez que ha reconocido algo de cómo es en realidad, se tranquiliza. Tal vez se retrae completamente avergonzado y dice: «Invoco a Dios para mis fines personales. Abuso de Su nombre. Eso es el ego, eso es el amor propio, eso es amarse a sí mismo –¡pero no es el amor a Dios!».

En el momento en que empezamos a cuestionar nuestros pensamientos, nuestras palabras, todo nuestro comportamiento, sentimos también por qué tenemos miedo y por qué el alma grita a través de nuestros miedos: «¡Dios mío, Dios mío!».

¿Cómo podemos reconocer cuál es la voluntad de Dios?

Lo que Dios, el Eterno, quiere, nos lo dio a través de Moisés. Su voluntad es que cumplamos paso a paso los Mandamientos –que son extractos de la Ley eterna del amor–. Y Jesús, el Cristo, nos dio las enseñanzas del amor. ¿Para qué? Para que las cumplamos y no solo oigamos hablar de ellas. Quien practica cada día el cumplimiento de los Mandamientos de Dios se acerca más al amor de Dios y se convierte gradualmente en el portador de la antorcha que enciende los corazones. Solo mediante el cumplimiento paulatino de las leyes del amor nos acercamos a Dios. Entonces, muy gradualmente, también nos distanciamos de nuestra propia voluntad. Nuestra consciencia se expande y se abre a la gran unidad que es el Amor universal.

Dios es el amor. Este solo puede ser sentido y recibido de nuevo en el amor del ser humano por Dios. Y, como se dijo antes, entonces se abre la consciencia. Pensamos cada vez menos en nosotros mismos, en nuestro amor propio, igual a amor egocéntrico. Somos portadores energéticos del amor y sentimos lo que significa la unidad. Porque entonces el horizonte se amplía y sentimos, vemos y experimentamos que el amor que reina en el universo está en el firmamento, que el amor reinante está en y sobre la madre Tierra, en cada animal, en cada planta, en cada piedra y por último en cada ser humano.

Si tomamos consciencia de esto, solo entonces sentimos lo que es la unidad y nos avergonzamos de pensar siempre solo en nosotros mismos.

Porque todo en nuestra vida se hace soportable solo para aquel que tiene la certeza, la certeza y la vivencia de que en él está Cristo. Solo entonces sabe que es llevado y guiado por el poder omnipotente del Amor y de la Sabiduría. Cuando eso se convierte en certeza, pensamos cada vez menos en nosotros mismos. Nuestra consciencia se expande y sentimos lo que es el amor universal.

Aprendamos esto mirando a los ojos de los animales.

Aprendamos a mirar el firmamento y a sentir que la omnipotencia y el amor de Dios actúan igualmente en nosotros.

Sintamos el pulso de la naturaleza, el pulso de la madre Tierra.

¡Aprendamos! Nunca dejamos de aprender, hasta que llegamos a ser perfectos.

Solo entonces nos damos cuenta de que Dios es omnipresente, y que Dios es amor. Entonces, en un estado de excitación, cuando queramos imponer algo, no volveremos a invocar a Dios, sino que nos avergonzaremos de ser como Dios no quiere que seamos.

El amor a Dios y al prójimo significa consciencia de la unidad

En tanto el ser humano no sea consciente de la filiación de Dios y no se comporte como hijo e hija de Dios, buscará iglesias de piedra, aunque está escrito que el Altísimo no habita en templos hechos por manos humanas ni en iglesias de piedra, sino en el templo vivo del alma del ser humano.

Está escrito: *«¿No sabéis que sois el templo de Dios?»*. Quien sea consciente de la limpieza del templo y también la efectúe, está cerca del Reino de Dios, que es amor. Dios es amor. Solo despierta a la luz de la unidad quien afirma la luz de la verdad en todo y en todos y se comporta de tal manera que no causa daño al ser humano, a un animal, a una planta o a una piedra. Él alcanza poco a poco el gran amor que es la unidad.

El ser humano debería volverse por tanto más altruista. Cuanto más altruista y abnegado se vuelve, más se despierta en él el anhelo por el gran amor, con el que aspira a vincularse, a desposarse.

Podemos decir que los animales son uno con su Creador. Preguntémonos: ¿Nos hemos vinculado los seres humanos con el gran amor? ¿Estamos en la unidad con el amor de Dios? Si no es así, sentimos el miedo que nos atraviesa el corazón, porque nuestras sombras son recordatorios que tenemos que disolver para que la luz nos inunde.

Los seres humanos hablamos tan a menudo del amor a Dios y al prójimo. ¿Qué significa en realidad el amor a Dios y al prójimo? Significa consciencia de la unidad.

El Mandamiento de Dios dice: «Ama a Dios por sobre todas las cosas y a tu prójimo como a ti mismo». Amar a Dios por sobre todas las cosas significa no hacer más el mal, cumplir paso a paso los Mandamientos de Dios y las enseñanzas de Jesús de Nazaret. Los pasos hacia el amor a Dios y al prójimo, también hacia lo más profundo de nuestro prójimo, hacia los animales y las plantas, es más, hacia la madre Tierra, nos abren los ojos.

Aquel que solo piensa en sí mismo, está enraizado en el amor propio; por desgracia, muchas personas lo están. Pero cuando hablamos del amor a Dios y al prójimo –Dios es amor– y damos los pasos y nuestros ojos se abren, de repente sentimos que el Creador, el poderoso Espíritu del amor, nos mira a través de los animales, de las plantas y los minerales.

Cuando miramos a los ojos de los niños, sentimos que nos mira algo que se esmera por recibir protección, unidad. Si miramos a los ojos de los adultos, a menudo vemos cierta falsedad y en las palabras la imagen equívoca «Yo soy mi propio prójimo». Pero si no rechazamos a la persona como tal y tomamos consciencia de que el alma de nuestro prójimo es una parte de nosotros, también nos resulta posible aceptar a la persona y ver el alma de nuestro prójimo como una parte de nosotros, porque Dios es unidad. Esto no significa que debamos afirmar y aceptar las faltas, el egoísmo del prójimo. Eso es asunto suyo. No debemos rechazar a una persona, sino afirmar lo más íntimo de ella, aceptar el alma y, si es posible, rezar por el alma de nuestro prójimo, pero no con la arrogancia de creernos mejores en determinadas circunstancias, sino en la consciencia de que Dios ama todo lo que hay de puro en cada alma. Dios es lo puro en cada alma y, por tanto, en cada persona. Dios es bueno en cada alma, en el alma de cada ser humano.

Si aprendemos a cambiar nuestra manera de pensar y empezamos a ser conscientes en nuestro pequeño entorno de que en nuestro prójimo, con el que nos encontramos día tras día –también con personas en el trabajo– de que en cada ser humano está Dios, el amor, la bondad, entonces a pesar de todo no chocaremos una y otra vez con lo humano que está contra las leyes de Dios, pero poco a poco sentiremos que lo más profundo de cada persona es una parte de nosotros. Solo entonces seremos también capaces de mantener conversaciones adecuadas con nuestros semejantes. Ya no seremos dominantes, sino reservados, para sondear lo que nuestro prójimo realmente quiere decirnos, por qué se comporta como lo hace. De ahí nace el amor por lo más íntimo del prójimo. Como consecuencia de ello tampoco rechazaremos a ninguna persona ni nos distanciaremos de ella, es decir, no nos apartaremos de ella.

Cuando hayamos aprendido esto en el círculo más pequeño, ampliaremos el círculo de nuestra práctica, con personas a las que –como decimos– no conocemos; pero el alma en el prójimo nos conoce, y nuestra alma conoce el alma del prójimo, porque Dios es unidad, y porque Dios ha insuflado amor, bondad en nosotros, en nuestro verdadero ser, y nuestro verdadero ser es el amor, lo bueno en nosotros, en nuestro prójimo. Por eso, si ampliamos el círculo y no nos rozamos constantemente con el prójimo, con sus actitudes demasiado humanas, reflexionando sobre él, enviándole sentimientos negativos, sino que nos hacemos cada vez más conscientes de que en el prójimo hay un ser que pertenece a mí, y yo pertenezco a ese ser íntimo, y ambos pertenecemos a Dios, que es amor, bondad y unidad, entonces muy pronto dejaremos de juzgar, de dictaminar o incluso de rechazar al prójimo. Porque si rechazamos al prójimo, nos alejamos de Dios, nos alejamos de una parte de nuestra consciencia de la unidad, de nuestro prójimo en nosotros.

Si ampliamos así el círculo del ejercicio, de repente miraremos a los ojos de un animal e irradiarán hacia nosotros fuerzas de luz completamente distintas a las de antes, cuando decíamos: «Bueno, es solo un animal». Dios, la Luz, nos irradia.

Si miramos cada vez más profundamente a los ojos de un animal, nos damos cuenta de cómo hay un cierto movimiento en nosotros, en nuestra alma. Dios, el Creador, se ha dirigido a nosotros, a nuestra verdadera naturaleza, a través del animal. Lo notamos en lo más profundo de nosotros, podemos notarlo en nuestro sistema nervioso, lo notamos en nuestros sentimientos. De repente nos damos cuenta: Dios nos acaba de mirar, Dios, a quien creíamos tan lejano. Sentimos que está muy cerca, ¡es verdad!

Cada uno puede experimentar esto: «Sí, yo soy el templo, Dios se ha movido en mí, en mi corazón, me miró a través del animal». Entonces, si un día paseamos por la naturaleza, tal vez perdidos en nuestros pensamientos, de repente algo se agita en nosotros, en nuestro templo, un sentimiento que no podemos interpretar. Nos detenemos en la consciencia de que «en todo hay vida». ¿Quién nos mira aquí? Una flor. Miremos la flor. Acojámosla conscientemente sin pensar, por ejemplo, en lo bonita que es la flor. Dejemos a un lado todos estos pensamientos, «oh, qué bonita es la flor». Permanezcamos simplemente vacíos. «Vaciarnos» significa no pensar en la flor, sino mirarla. Y nos damos cuenta de que la flor nos está mirando. Algo emana de ella. De nuevo se agita algo en nosotros, en nuestros sentimientos. Es el gran Creador del universo –Él se ha movido en nosotros, en nuestros sentimientos, a través de nuestra alma, y quiere decirnos: Mira, en la pequeña flor estoy Yo, la vida.

¿Podemos entonces aún arrancar una flor? ¿O podemos incluso comer la carne de un animal a través del cual el Creador nos ha mirado?

De este modo es como nos ennoblecemos. Y vamos más allá, damos nuestro paseo, y de pronto viene una brisa hacia nosotros, nos sopla por así decirlo en el rostro. Antes habríamos dicho: «Hace viento». Hoy nos preguntamos: «¿Qué intenta decirnos el viento? El viento me habló, sopló en mi cara, quizás quiso decirme: Camina conscientemente por la naturaleza y así caminas conscientemente por la vida». ¿Quién ha dicho eso? El gran Creador en el elemento del aire: el viento. Y así vemos que el gran Espíritu está en todos los elementos, Él nos habla.

Quien practica esto, encuentra verdaderamente el amor al prójimo. Se vuelve libre. ¿Qué significa volverse libre? Los pensamientos marcadamente egoístas se alejan cada vez más. De vez en cuando nos lo recuerdan, pero la sensación de ser abordados por Dios, en nuestro propio interior, en nuestro propio templo, nos ayuda a llevar lo demasiado humano aún existente, que también llamamos «pecado», hacia Él, el gran Espíritu que hay en nosotros, y a decir: «Dios Padre, Espíritu del Cristo redentor, ayúdame a reconocer el pecado con tu fuerza, a arrepentirme de él y a no volver a cometerlo». Y así lo hacemos. Ya no volvemos a cometer el pecado porque nos hemos entrenado en la consciencia: He sentido a Dios en mí, en mi propio templo. El gran Espíritu Todopoderoso, Dios, el Amor, me miró a través del ser humano, en lo profundo del alma del ser humano. Él me miró a través de los animales y las plantas. Es más, incluso Le sentí en la brisa.

Hay muchos, muchos ejercicios grandes y pequeños, y vale la pena hacer estos ejercicios. Porque muchos dicen: «Se afirma que el ser humano es el templo de Dios, dicen que Dios existe, pero yo aún no Lo he experimentado». –¡Sin embargo, sí podemos experimentarlo! Todos y cada uno de nosotros podemos experimentar a Dios. Practiquemos esta consciencia: Dios es amor, Dios es omnipresente, el gran amor está dentro de nosotros. A través de innumerables ojos e innumerables bocas percibimos a Dios dentro de nosotros, en lo profundo de nuestra alma. Porque en el fondo de nuestra alma está el ser puro que descansa en Dios y que nos pide una y otra vez: ¡Sé bueno, tú oh ser humano! Sé bueno con tus semejantes. Sé bueno con los animales, las plantas y las piedras. Sé bueno con la madre Tierra.

Otro pequeño ejercicio:

Si usted va caminando y de repente tropieza con una piedra, recójala. No piense en nada, es decir, no mire la piedra diciendo: ¿Qué forma tiene? La piedra es bonita; ¿tiene una buena forma?

No diga todo eso. Fíjese en ella, simplemente asimílela. Mírela. Deje que la piedra le toque interiormente. De repente, algo se agita de nuevo, en lo más profundo de su alma. Y lo siente en sus sensaciones y sentimientos: algo se agita. Es la piedra. Dios le ha hablado a través de la simple y llana piedra. Tal vez Él está hablando en usted:

Yo Soy el que Soy, la vida en todo. Vive, niño Mío, hijo Mío, hija Mía, vive en Mí, entonces serás feliz. Vive en Mí, entonces Me sentirás.

Vive en Mí, entonces también servirás a tus semejantes y a todo lo que vive sobre y bajo la Tierra. Porque Yo Soy la Vida universal.

Y Él dirá: Nunca mates voluntariamente una forma de vida, porque entonces morirá un trozo de tu cuerpo y una partícula espiritual de tu alma se oscurecerá.

Le deseo un agradable paseo y muchas, muchas experiencias en la consciencia de que ¡Usted es el templo de Dios! Mire qué poderosa catedral hay a su alrededor. Una catedral magnífica –el Cielo, la naturaleza. No necesitamos catedrales de piedra construidas por manos humanas. Usted es el templo de Dios. Y alrededor de cada uno de nosotros está la poderosa catedral, el cielo, la naturaleza. La madre Tierra, sobre la que caminamos, es en última instancia el escaño del Espíritu Eterno.

En cada persona está el gran amor de Dios

Dios, el Todopoderoso, dijo hace muchos años:

«Quiero una obra grande, mundial, para llegar a muchísimas personas con Mi Ley del amor, para hablar en el corazón de los que Me abren su corazón, para que comprendan que no tienen que buscar a Dios en iglesias de piedra, que ellos mismos, cada uno, son el templo de Dios, que pueden entrar en su interior, en la consciencia de que en cada persona está el gran amor de Dios».

Y algunos se preguntarán: Sí, ¿dónde? –El alma que lleva en sí el gran amor de Dios, el alma que lleva en sí la esencia de Dios, está anclada en toda la persona. A través de este anclaje, que es la ley del amor, Dios irradia la vida en el cuerpo.

Dios, la vida, también irradia en nuestro aliento. Cada respiración es la vida de Dios.

Pensemos en ello: En cada respiración está el aliento de Dios, está la vida. En cada célula, en cada vaso sanguíneo, en cada órgano está la vida, Dios. De modo que Dios irradia en nuestro cuerpo a través de nuestra alma. Cuando nos damos cuenta de esto, prestamos atención a nuestra respiración. Respiramos más conscientemente, respiramos con más calma y de repente reconoceremos que una respiración tranquila y profunda nos calma. El sistema nervioso se relaja. Llevamos nuestros sentidos hacia el interior y empezamos a rezar hacia adentro.

Notamos y sentimos el pulso de nuestro corazón físico. Pronto notamos que una gran llama de Cristo late cerca de nuestro corazón físico, un centro de energía de amor, de caridad, de reconciliación, de unión. Es la luz redentora, la llama del Cristo de Dios.

La persona que se ha calmado se vuelve hacia el interior, se rodea de esta gran llama que late cerca de su corazón físico y reza. En otras palabras, rezamos en nuestro propio templo, que somos nosotros mismos, cada persona. Entonces nuestras oraciones se vuelven ricas en contenido, porque oramos conscientemente y llenamos nuestros pensamientos de oración o palabras de oración con la fuerza del reconocimiento: El gran Espíritu poderoso del infinito pulsa en nosotros. Él percibe nuestras oraciones. Él nos escucha. Él nos ama. Nos conoce.

A través de la oración hacia el interior nos volvemos más y más silenciosos, más y más conscientes, y de pronto sentimos que nuestras oraciones ya no se centran en nuestros asuntos personales. De pronto rezamos por la madre Tierra. Rezamos por las almas de nuestros hermanos y hermanas. Rezamos por nuestros semejantes. Rezamos por los animales, por las plantas, por todo lo que lleva la madre Tierra. Con el tiempo, a través de nuestra profunda oración, activamos nuestra consciencia, que habla dentro de nosotros: Nos muestra el camino hacia la paz con nuestro prójimo, nos muestra el camino a la paz con los animales.

Estas sutiles plegarias internas hacen que nuestros sentidos se vuelvan más sensibles. Nuestra visión se amplía y vemos más de lo que habíamos visto hasta ahora. Olemos, escuchamos, saboreamos, tocamos –todo se vuelve más sutil.

De repente nos damos cuenta de que así como ha sido mi comportamiento hasta ahora no corresponde a mi verdadera naturaleza, porque mi verdadera naturaleza, que está en el fondo de mi alma, es sutil, noble, buena, pura, es la Ley del amor y del amor al prójimo.

Entonces comenzamos a orar cada vez más profunda y fervientemente, y nuestra existencia terrenal se convierte en una vida en Dios. Paso a paso, cumplimos las leyes del amor y del amor al prójimo. De súbito nos acordamos de que Dios nos dio los Mandamientos a través de Moisés, y los tomamos y los leemos y empezamos a comparar nuestro pensamiento y nuestro comportamiento con los Mandamientos. Y la consciencia llama y dice: «Las enseñanzas de Jesús, el Cristo, también te ayudan en el camino para acercarse a Dios, a la vida eterna, al Padre eterno que te ama».

Y leemos en el Sermón de la Montaña y lo comprendemos. Contrastamos nuestros pensamientos, palabras y acciones con las enseñanzas del Sermón de la Montaña y reconocemos muy pronto lo que va contra la vida, porque en lo profundo de nuestra consciencia vibra la palabra del amor que nos conduce, que nos guía.

Por eso el camino es un camino maravilloso, porque Él, Dios, nos guía. Nuestra respiración nos ayuda a regularnos, a tranquilizarnos. ¿Quién es el que nos ayuda en nuestra respiración? Dios. Por eso, si nos volvemos más tranquilos y sosegados, aprendemos a rezar de verdad. Y quien reza con fervor y cumple sus oraciones paso a paso, crece en el verdadero acto del amor y del amor al prójimo. Ya no hablará de ello, sino que hará lo que Dios nos ha mandado –en los Diez Mandamientos, en las enseñanzas de Jesús, el Cristo. Nos tranquilizamos, nos volvemos más atentos. Cada día nos proponemos hacer cosas más espirituales, dar pasos de amor. La oración es la fuerza que nos sostiene. Y cada uno de nosotros es el templo de Dios. La vida palpita en cada uno de nosotros.

Ir hacia el interior significa rezar a Dios, hacernos conscientes de que nosotros, cada uno de nosotros, somos el templo de la fuerza sagrada, del amor a Dios y al prójimo. Y en nuestro interior sentimos cómo debemos comportarnos con nuestros semejantes, con la madre Tierra. Entonces crece en nosotros lo noble, lo fino y puro, que a su vez se manifiesta a través de los sentidos.

Quien lo desee, puede sumergirse unos minutos en el silencio para reflexionar sobre sí mismo, sobre sí misma.

¿Qué es lo que quiero? ¿Hacia dónde voy? ¿Quiero amar a Dios?

Una cosa es cierta: Él nos ama de forma ilimitada.

Aprendemos a focalizar

Del seminario homónimo de Gabriele dado en el año 2001

Antes de explicar con más detalle el tema «Aprendemos a focalizar», queremos ocuparnos de la palabra «vida» y de la declaración: ¿Quién o qué es Dios?

Muchas personas hablan de su vida, pero no saben lo que significa la vida. Para aprender a concentrarnos, tenemos que tomar consciencia de que la vida de nuestro cuerpo físico no es la vida. Dios, el Espíritu del Infinito, la Ley eterna del amor, es la vida. El ser humano materialista, en su profunda tosquedad, es mantenido solo por la Ley eterna, por la vida que es Dios. Desde el SER, desde el Infinito fluye la vida al núcleo divino del alma, y a través del alma al ser humano, a toda la estructura celular, a todas las funciones del cuerpo físico, para mantener al ser humano, que es intensamente burdo.

Tomemos consciencia de que la vida es Dios. Dios es Espíritu, Ley universal, omnipresente y eternamente fluente del amor. Dios es el SER universal. Dios, el SER universal, es la Vida universal, omnipresente.

¿Qué significa «omnipresente»? Dios, la Vida universal, está en todas partes y en todo. Fluye a través del infinito puro y es activo en la condensación –a la que llamamos energía de la Caída o materia.

Observemos al ser humano y sus comportamientos: El ser humano de materia profundamente burda es una formación individual de la ley de la Caída, que consiste en sus ideas y opiniones, por ejemplo, cómo se ve a sí mismo y cómo ve a los demás y cómo estos deberían ser. A esto también pertenecen sus miedos, problemas, rencores, envidias y hostilidades.

Todo esto y mucho más lo condujeron a apartarse de la vida. Al hacerlo, el individuo en particular se aisló. Por eso, la ley individual de la Caída, que la persona profundamente basta ha creado para sí misma, también puede llamarse ley del aislamiento. Dado que tales personas rara vez se unieron con su prójimo, se aislaron.

Los seres divinos, en cambio, son la Ley eterna y omnipresente del amor que se ha hecho forma y es unidad. Son existencia comprimida en la corriente del SER. El hálito de Dios, la Ley del SER que une a todos los seres puros, es su respiración. Respiran la corriente universal, la vida. La Ley, Dios, fluye a través de ellos; es su vida.

Como hemos escuchado, la vida omnipresente está también en la energía de la Caída y en la materia. La persona arraigada exclusivamente en la materia no está impregnada por la corriente eterna de la vida, sino que es sostenida por ella. Tal persona se aísla debido a su ego personal, es decir, individual. La consciencia del ego es la que separa a unos de otros. Por otro lado, las personas que refinan sus células cerebrales y corporales orientándose hacia la Ley eterna mediante el cumplimiento de los Mandamientos de Dios, son irradiadas sucesivamente por el Espíritu eterno.

Me permito repetir: Las personas que se orientan hacia la Ley eterna mediante la realización, son irradiadas gradualmente por Dios. Entonces se dice: La Ley eterna irradia la materia. Tal persona está en comunicación con la unidad, con la vida, con Dios, en algunos o muchos aspectos de la vida –según sea el grado de realización.

Los seres puros son la consciencia universal, lo que significa que en los seres espirituales están desarrollados y activos todos los grados de consciencia del SER. Esto significa que son uno con la Ley que fluye eternamente, con la Vida universal, y con todos los grados de consciencia de la vida. También podemos llamar a la unidad cósmica comunicación universal.

Grados de consciencia son, por ejemplo, los cuerpos celestes en los ámbitos celestiales, todas las formas de vida de los reinos puros de la naturaleza y los seres de la naturaleza. La comunicación universal permanece en contacto con lo más profundo del ser humano, con el núcleo divino de su alma y los grados de consciencia de todas las formas materiales –también con el núcleo divino de la materia más profundamente ensombrecida, el «ser humano».

Los seres divinos viven por tanto la consciencia de la unidad. Esto les permite establecer una conexión comunicativa directa y plástica con todo ser puro en la estructura de partículas de su cuerpo espiritual, de modo que –no importa dónde se encuentren– todo lo que activan enviando y recibiendo se forma gráficamente en su cuerpo espiritual, en las partículas correspondientes. Esto significa que en todos los seres divinos que son implicados por un ser espiritual, por ejemplo para transmitir un mensaje, surge la misma imagen divina lícita. El mensaje puede reconocerse y entenderse entonces claramente. También puede «comentarse» comunicativamente dentro de la imagen de la consciencia. En el mensaje de la imagen, que aparece por igual en todos los seres espirituales considerados, están presentes todos los participantes en la imagen. Consideremos que todos los participantes están presentes en la imagen y, por tanto, son visibles. Cada mensaje y cada intercambio comunicativo proviene de la única fuente, de la corriente eterna de la Ley universal del amor, la vida. Todo ser divino está incluido, diríamos presente, en la imagen que se ha hecho activa mediante el envío.

Dios, la Ley eterna, es omnipresente, los seres puros están presentes.

Como se dijo anteriormente, los seres espirituales son consciencia universal eterna que se ha convertido en forma, es decir, la Ley eterna del amor que ha tomado forma. Los seres espirituales y todas las formas espirituales se desarrollaron de la Ley eternamente fluente. De la única Ley eterna del amor, la Ley, el amor, Dios, se dio a sí mismo la forma; lo llamamos «Dios Padre» o «Padre eterno».

Todo SER puro que se ha convertido en forma procedió y procede del único Dios, la Ley de la vida y del amor. En consecuencia, todo lo que es puro puede describirse como SER-uno en el Uno universal, en Dios, la Vida.

Para una mejor comprensión conviene repetirlo: la materia no es directamente el Espíritu que ha tomado forma, no es la vida inmediata. El mundo de la materia es la envoltura del núcleo de la vida, principalmente a través de ilegitimidades, es energía de la Caída, vibración inferior. La materialidad profundamente burda surgió por el rechazo de la Ley universal del Amor. Las formas materiales burdas son portadas por la vida, que es Dios, el Espíritu del universo. La materia que está en gran medida libre de cargas, como por ejemplo las personas consagradas a Dios y a la madre Tierra, está impregnada por el Espíritu del universo. En consecuencia, el Espíritu, la vida, está en todas las formas de la materia, también en los elementos fuego, agua, tierra y aire.

Por el contrario, todas las formas espirituales son la vida misma. Según su grado de consciencia, son el SER que se ha convertido en forma. Dios fluye directamente a través de ellas.

Reconozcamos la diferencia: la materia burda es también llevada y mantenida por la corriente de la vida, por la Ley, Dios. Pero del profundo oscurecimiento resulta el manto denso, la envoltura que impide que la irradiación del Espíritu, Dios, fluya a través de él.

Las formas de vida en el eterno SER viven absolutamente en la corriente, en Dios. Están irradiadas y, por tanto, son automáticamente luminosas. Son una con Dios, la fuente de la vida, y con toda vida que se ha convertido en forma en el universo.

¿Y qué ocurre con nosotros, los seres humanos? ¿Quiénes somos nosotros, el ser humano? Los seres humanos somos el manto que envuelve la vida que es Dios. En muchos casos, el manto, la envoltura, es apenas permeable. El manto material profundamente tosco actúa como un escudo contra el ser más íntimo, que en el núcleo de nuestra alma sigue siendo divino y permanece divino. El manto de muchas personas se ha vuelto denso y a menudo impermeable, aislado por así decirlo –podemos describir la densidad también como impregnación– a través de nuestras ideas y opiniones, a través de todo lo que pensamos y decimos que está en contra de Dios, en contra de la unidad de la Ley eterna.

A través del núcleo divino en nuestra alma, estamos conectados con la Ley eterna y con todas las formas divinas de todos los niveles de consciencia –normalmente sin darnos cuenta– y así también con el ser más íntimo de cada alma en cada ser humano.

El ser humano, visto como un abrigo, es por tanto la vestimenta individual del alma. Cada fibra de este abrigo consiste en el comportamiento del individuo, en el contenido de sus sentimientos, sensaciones, pensamientos, palabras y actos. Quien solo se preocupa de este mundo, es decir, que solo piensa materialmente, tiene un manto que consiste exclusivamente en su comportamiento individual, en su ley personal –también la llamamos «ley del aislamiento»–, que es su ego.

Los seres divinos viven en la ley de la unidad. El ser humano, con su naturaleza demasiado humana, está aislado, vive en su ley personal de su ego individual. Gira en torno a sí mismo en la estrechez, en la limitación de la existencia netamente humana. Es indiferente a su prójimo o está en su contra y lo combate como a su enemigo. Para el ser humano egocéntrico, su prójimo, el animal, no es más que un objeto que puede serle útil para tal o cual propósito. Él se ama solo a sí mismo.

Como ya se dijo, cada ser humano ha creado de por sí su propio «manto». Lo que emitió también volvió a él, como carga; son sus emisiones –lo negativo que ha introducido en su interior– las que le caracterizan.

El ser humano es, por tanto, portador de sus propias introducciones o grabaciones en sí mismo. De las fibras de su manto profundamente ensombrecido, de su ley de individualidad, salen algunos «puntos de contacto», es decir, aspectos de irradiación oscurecida, demasiado humana, se van hacia el exterior, buscando y conectando con energías de la misma vibración. Estas emiten. Si se han encontrado puntos de contacto similares, es decir, de diferentes personas, a esta comunicación externa se las denomina «amor» o «comprensión mutua». Esto también puede dar lugar a acciones «conjuntas».

El resultado es un ciclo de energía interpersonal estrecho y autónomo. A raíz del intercambio egoísta de energía esta se «consume». El resultado es un debilitamiento sucesivo de la comunicación del ego.

Si los puntos de contacto con el tiempo se vuelven insensibles, o incluso se han desgastado mutuamente, se han «descargado» como una batería, o ya no son útiles, un punto de contacto repele al otro. Uno entonces se opone al otro. Otros «puntos de contacto» –antenas del ego que emiten y reciben– vuelven a la búsqueda, para durante un breve espacio de tiempo encontrar personas afines. Nuestra sociedad se basa en este nivel de comunicación.

El ego es la ley del aislamiento, es, como el término lo implica, restrictivo, despótico; solo se preocupa de sí mismo, de sus ideas y valores personales; es netamente humano, egocéntrico, egoísta, está en última instancia contra su prójimo y contra la unidad que contiene la paz.

Quien se aferra al ego, es el tipo de ego que se coloca por encima de la vida que es DIOS. En general, la unidad de los miembros en la llamada alianza egocéntrica con sus iguales, consiste en envidia, odio, peleas, egoísmo, en resumen en un modo de pensar complicado. A menudo presume de ser Dios mismo o incluso más grande. Cualquiera que se asome al campo de la ciencia actual y oiga hablar de las diversas manipulaciones, como la manipulación genética de plantas o la manipulación del material genético de seres humanos y animales, sabe de qué está empapado el manto humano. Tales «vestidos» del alma están naturalmente impregnados de forma natural. Más catástrofes del ego las experimentamos en la economía, en el Estado y en la Iglesia.

El ser humano se ha apartado de Dios, de la Vida, el uno más, el otro menos. Sobre ello una imagen para mejor comprensión:

Cuando el Sol se aparta de una parte de la Tierra, este trozo de la Tierra se oscurece temprano y se torna frío y hasta helado. Algo semejante ocurre con nosotros los seres humanos. Según cuán lejos se aparte el ser humano de la luz interna, de la vida, pensando y actuando en contra de la vida, así también le falta luz y calor. Esto significa por tanto que él tampoco siente respeto por la vida que está en él, que también está en los minerales, en los reinos de la naturaleza y en todos los astros materiales y en todo lo que los seres humanos vemos y no vemos.

Dios es la vida. La vida es buena. Hace a las fibras de la envoltura, al ser humano, luminoso y fuerte, feliz y espiritualmente intuitivo. Lo hace comunicativo para la vida, cuando la persona se ennoblece dando una oportunidad a la vida y con ello a su verdadero ser mediante el autocontrol y la purificación de todo lo que le separa de la vida.

Los seres humanos estamos en la Tierra únicamente para volver a dirigirnos a Dios, a la Luz interna. Tal vez esta es una frase para que nosotros reflexionemos: *Los seres humanos estamos en la Tierra únicamente para volver a dirigirnos a Dios, a la Luz interna.* Aquí nos ayuda otra vez la comparación con el Sol y una parte de la Tierra. Cuando una parte de la Tierra se vuelve al Sol, hay más luz, más claridad, los días se alargan, hace más calor. Todo empieza a reverdecer y a florecer. Aparece la vida; se desarrolla y se muestra en las formas más hermosas y exuberantes. Entonces se puede decir: El Espíritu atraviesa la materia empapándola.

Si hemos escuchado atentamente estas breves explicaciones sobre nosotros mismos, se nos ha hecho consciente que hay dos corrientes a las que el ser humano se puede conectar a través de emitir y recibir: por una parte a lo bueno, que es la vida, que está *a favor* del ser humano y le proporciona lo bueno –por otra a lo que está contra la Ley de Dios, que también quiero llamar «lo malo», que está contra la vida y se dirige contra el ser humano, contra la envoltura «ser humano».

Hagámonos conscientes una vez más: Existe el pro y el contra, o sea la focalización que está contra las leyes divinas y la focalización legítima, a favor de la Ley de Dios. Focalizar es emitir intensamente para recibir lo correspondiente.

La focalización que está contra las leyes de Dios parte de la llamada ley del aislamiento, que primero activa imágenes en el propio depósito, en el cerebro, las que este, y por tanto el ser humano, proyecta después hacia afuera, es decir, emite. A través de este mundo imaginativo, sus imágenes que vienen del ego, de la ley del aislamiento, recibe él lo mismo y cosas semejantes. Por medio del principio negativo de emisión intensa, o sea de focalizar, el ser humano puede también penetrar en la crónica atmosférica y extraer de ella. De este modo, en la crónica atmosférica pone en movimiento lo que a él le sirve para sus intenciones, lo que tal vez desea organizar y elaborar –véase la ciencia y la economía, al Estado y a la Iglesia. Aquello que seres humanos pensaron o hicieron negativamente en el pasado, le fluye a él. Lo que él recibe por su emitir, corresponde a su potencial de emisión netamente humano. Es en alto grado carente de ética, inmoral, brutal, hostil; se orienta totalmente a la ley del aislamiento. Tales conductas humanas no son irradiadas por el Espíritu.

Esta emisión contraria a las leyes divinas e intensa, igual a focalización, la vivimos en el tiempo actual de muchas maneras. Dicho globalmente, todo eso son influencias astrales.

Debido a esta influencia también se puede ejercer influencia en sucesos y ser manejadas personas que son sensibles para ello, porque tienen en sí algo parecido.

Vemos con qué ámbitos de energía podemos tomar contacto en ciertos casos, si no manejamos responsablemente nuestras energías, si la dirección de nuestra meta y de la mirada interna, de nuestra orientación e intención no es Dios ni lo divino.

Antes de referirnos más detenidamente al tema principal «Aprende a focalizar», fue preciso que estas dos posibilidades –focalización contra las leyes divinas y focalización legítima– tuvieran que ser explicadas. En el plano de comunicación de la «focalización ilegítima», la que está contra Dios, no queremos entrar.

Aquí aprendemos a focalizar como ayuda en el camino que conduce a la evolución espiritual, «Más cerca de ti, mi Dios», y para que Dios pueda actuar cada vez más a través de nosotros, de modo que se haga Su voluntad y Su Reino, el Reino de la Paz venga.

La condición para la focalización positiva en el ámbito espiritual divino, es que la siguiente declaración sea literalmente el afán de nuestro corazón:

Desarrollar energías divinas, orientarse hacia la vida que es Dios, purificando nuestra alma y nuestro ser humano, la «envoltura», el manto de lo que está contra la vida.

Cada uno se puede preguntar –tal vez en un momento silencioso de auto-reflexión– si quiere hacer esto de corazón, si quiere poner a trasluz su envoltura, para que Dios irradie la materia y el ser humano logre la comunicación con el SER universal.

La vida es luz, es fuerza, es comunicación universal. Si nuestra alma se torna más luminosa, también el ser humano será más puro y su envoltura de aislamiento será más fina, esto es, la luz empieza paulatinamente a irradiarlo, por tanto el Espíritu empieza a irradiar la materia.

En la medida en que nos orientamos a la vida, a Dios en nosotros, recibimos más energía positiva. Así nos podemos concentrar mejor. De ello se desarrolla una intuición para la vida en aumento.

Lentamente notamos que la vida no solo está en nosotros, sino también en nuestro entorno. La vida es comunicación. Todo lo que es se comunica entre sí. Es el lenguaje de los grados de consciencia. Un estado de consciencia entiende al otro, porque todos son formas puras en una ley, en la Ley divina, en la vida.

Los seres humanos estamos en medio de un mar inconcebible de procesos comunicativos de energías positivas y negativas.

Nuestro cerebro es comparable con una pantalla de radar. A través de nuestra forma de sentir, percibir, pensar, hablar y actuar conectamos la pantalla de radar con las estaciones de emisión correspondientes, para recibir desde allí energías. Las recibimos primero en el cerebro y luego dentro y en nuestro cuerpo, que es comparable con una pantalla de televisión. Lo que recibimos lo irradiamos luego gráficamente. Por ello cada uno se preguntará un día hacia dónde indica el fiel de la balanza, hacia cuáles fuentes de emisión está orientada la pantalla de radar, su cerebro: hacia lo positivo o a lo ilegítimo. Hacia dónde se vuelve nuestra pantalla de radar, el cerebro, lo determina exclusivamente cada uno.

Cuando se nos hace consciente que en todo lo que vemos –de lo que no vemos no queremos hablar–, está la vida, o sea la comunicación suprema, podemos entrar también en comunicación con la vida, que es lo bueno. La condición es, como se dijo anteriormente, que nos acerquemos a la vida en nosotros, así como una parte de la Tierra se inclina hacia el Sol.

Focalizar significa unir las energías positivas espiritualmente desarrolladas en un rayo o foco de energía, que es un foco de sondeo, que luego dirigimos a un objeto, a una situación, a nuestro trabajo y cosas parecidas.

Hagámonos una y otra vez de nuevo conscientes de que todo es energía y que cada volumen de energía tiene su consciencia, o sea que ¡irradia oportunamente y nos traspasa informaciones!

Muchas personas hablan de casualidades y coincidencias. Como todo es energía, no hay casualidades. Si nuestra envoltura, es decir nuestro cuerpo se ha tornado más luminoso, porque nuestra alma se purificó un poco, el Espíritu puede emitir a través de nosotros más rayos de energías divinas, de manera que pensamos y vivimos más conscientemente. Cuanto más luminosos sean nuestra alma y nuestro cuerpo, más claramente puede entrar el ser humano en comunicación con potenciales de consciencia análogos mediante el principio de emisión y recepción, mediante el focalizar.

Una condición muy importante para aprender a focalizar, es liberarse en primer lugar de ideas y opiniones, de propósitos y normas como «Esto tendría que funcionar así o asá», o «Eso tiene que corresponder a mis deseos e ideas», o bien «Quiero examinar a fondo ideas que me sirvan personalmente».

Si a nuestra vida interna y externa le hemos dado la orientación a Dios y nos esforzamos diariamente en mantenerla en gran parte, procuraremos también captar nuestro mundo de pensamientos y sentimientos, nuestra voluntad. Nos ejercitamos en el autorreconocimiento y eliminamos más y más nuestros aspectos puramente humanos, para, entre otras cosas, poder comprender cada vez mejor a nuestro prójimo, para entrar paso a paso en la vida, en la Ley de Dios, que es nuestro verdadero SER.

Para intensificar estos procesos, para reconocernos más rápida y fácilmente y vencer lo negativo para captar nuestras causas y sus raíces frecuentemente numerosas y sacarlas del campo de nuestra alma, es preciso el recogimiento, la concentración de las fuerzas de nuestra consciencia. Para eso aprendemos a focalizar.

Focalizar nos ofrece por tanto la oportunidad de organizar con más efectividad el trabajo en nosotros mismos, nuestro Camino Interno.

Todas nuestras cargas, que forman nuestro potencial de culpas y pecados netamente humanos, están registradas energéticamente como en un rollo de película que corre a través de nuestro consciente y de nuestro subconsciente.

El rollo de la película en nuestra cabeza consta de una secuencia de imágenes. Ellas declaran múltiples cosas sobre nosotros. Lo que refieren son nuestras grabaciones, lo que hemos introducido en nuestro interior. Si aprendemos a focalizar lo positivo para eliminar nuestros registros en el rollo de película, los podemos aclarar, de modo que en nuestro camino de la vida también se aclaren más de algunas cosas y podamos precavernos así más de un golpe del destino. Si purificamos en el día lo que se muestra, purificamos al mismo tiempo nuestro futuro.

Una frase que dice tanto: *Si purificamos en el día lo que en él se muestra, purificamos al mismo tiempo nuestro futuro*.

Así entonces, después de desprenderse de su envoltura corporal, nuestra alma puede irse a ámbitos más luminosos.

Focalizar no es otra cosa que una concentración total y duradera que dirigimos hacia problemas, objetos, procesos de trabajo y cosas por el estilo. Hacemos esto para desglosarlas, para captar el mensaje que llevan.

Para poder concentrarnos un tiempo más largo, tenemos que liberarnos en primer lugar de apremios, disgustos, de preocupaciones del día, de querer personalmente algo, de agitación y de compromisos con el prójimo. Lo que necesitamos es ante todo tranquilidad interna, por ejemplo mediante auto-reflexión, para deshacer peculiaridades demasiado humanas a través de ejercicios meditativos de silencio, para alcanzar la armonía de nuestra actividad cerebral. Necesitamos por tanto tranquilidad interna y externa para gestar en nuestro cerebro imágenes apropiadas que luego concentramos en energías y las dirigimos con toda precisión hacia un objeto, hacia una situación.

Repito: El focalizar hay que aprenderlo. Tenemos que ejercitarnos una y otra vez, concentrarnos y orientar nuestras energías atadas hacia lo que queremos desglosar. El foco es el centro, el primer plano. Focalizar significa unir energías y orientarlas como a través de un vidrio o espejo ustorio a la situación, a un objeto.

El ser humano, especialmente en esta época, está orientado en gran parte hacia afuera. Su consciencia no está concentrada, sino distraída, vaga por aquí y allá.

Quien teme ser incapaz de participar de la agitación de la existencia humana, quien se deja tiranizar por el espíritu de la época para mantener su honor, o quien permite que otros decidan por él, es el forjador de su desgracia. Él es el perseguido que ya no sabe lo que está por delante, por detrás, a la derecha y a la izquierda y que por último ni siquiera sabe quién es él.

Para actuar correctamente con lo que nos mueve, para cuidar de nuestra energía para aplicarla consciente y convenientemente, tendríamos que ir por nuestra vida terrenal con disciplina interna y externa, es decir, con una actitud prudente, íntegra, concentrada. Pero quien, por el contrario, se deja arrastrar a la esfera de disgustos, preocupaciones, temor y cosas semejantes, no puede trabajar consciente de su meta ni tampoco recurrir a la consciencia que está en todo, para pedirle ayuda en su trabajo, en el curso de su vida.

En tanto seamos descuidados, sin poner atención a nuestros sentimientos y sensaciones, a los pensamientos y palabras, nos tornaremos débiles en energía, estaremos cansados y agotados.

¿Por qué? Porque no nos podemos concentrar; desperdiciamos las energías en vez de concentrarlas.

En primer lugar tenemos que entrenar nuestro cerebro, para mantener la concentración. Lo mejor es aplicar los primeros ejercicios a nosotros mismos. Si aprendemos a cuestionar y solucionar o purificar lo que nos concierne, lo que nos distrae o nos aflige personalmente, nos podremos concentrar cada vez mejor.

En primer lugar somos entonces nosotros mismos el objeto de los ejercicios.

Primer ejercicio

Sentados erguidos, colocamos ambos pies en el suelo. Ponemos el dorso de las manos sobre los muslos y las acercamos ligeramente al cuerpo. Quien lo desee, puede cerrar los ojos.

Ahora nos concentramos en nuestra respiración. Controlamos nuestra respiración. Una persona respira superficialmente, la otra un poco más profundamente.

Nuestra atención se centra totalmente en nuestra respiración. Sentimos cómo esta va y viene, va y viene. Así nos concentramos en nuestra respiración. Nos esforzamos en no permitirnos ningún pensamiento.

Para lograr tener distancia de nuestros pensamientos y mantenerlos en separación, respiramos más profundamente: Respiramos hasta la región del vientre y volvemos a espirar muy lentamente.

Acompañamos nuestra respiración con nuestras sensaciones. Respiramos otra vez hacia la cavidad abdominal, la llenamos con nuestro aliento y volvemos a espirar.
Hacemos esto varias veces.
Inspiramos profundamente, bajando a la cavidad abdominal,
y volvemos a espirar lentamente.
Ahora dejamos que respire.
Nos esforzamos por no permitir ningún pensamiento.

En el momento en que controlamos nuestros pensamientos, se crea una imagen en nuestro cerebro.

La imagen se forma. Procede de nuestra consciencia superior o del subconsciente. Si hay varias imágenes, se unen para formar una sola. Dejad que esto ocurra.

Dejad que suceda.

Ahora mirad vuestra imagen.
Dejad que la imagen cobre vida.

Escuchad dentro de la imagen y oíd conversaciones y procesos en ella. Oíd dentro de las conversaciones y los procesos.
Los procesos de la imagen se vuelven más concretos.

Tomaos tiempo. Dejad que la imagen tenga efecto en vosotros.
En la imagen hay conversación, hay acción.
Si queréis, haceos notas de todo lo relacionado con los que habéis introducido en el interior que se muestra gráficamente. Anotad con palabras clave los puntos clave de la imagen.

Segundo ejercicio

Escuchamos música. Una vez más, procurad no permitiros ningún pensamiento. Dejad que la música resuene en vuestro interior. Absorbedla, por así decirlo, con la respiración. Si queréis, podéis respirar más profundamente, hacia el abdomen, y volver a espirar lentamente.
Es importante que acojáis la música, que ella estimule vuestra actividad cerebral y fluya por vuestro cuerpo.
Tomémonos unos momentos para acoger la música.

*

Notaréis que todo ser humano es un cuerpo de sonido. Poco a poco se va formando una imagen en el cerebro. Puede ser una imagen completamente diferente, una secuencia de imágenes completamente diferente a la del primer ejercicio.
Dejad que la imagen se desarrolle cada vez más en vuestra consciencia. Dejad que esto ocurra – está comenzando a formarse.

Cuando sintáis que se ha formado, escuchad y sentid dentro de la imagen.

Tomaos tiempo.

*

Si lo deseáis, volved a anotar los puntos esenciales.

*

Ahora tenemos dos imágenes, posiblemente dos imágenes completamente diferentes. ¿Por qué? La primera imagen se creó a través de la respiración consciente. La segunda imagen fue creada por el flujo de música hacia nuestras células cerebrales y a través de ellas hacia nuestro cuerpo, posiblemente también indirectamente a través de la respiración.

Ahora tomamos en la mano las anotaciones de la primera imagen.

A continuación intentamos concentrarnos, es decir, aprendemos a concentrarnos.

Nos concentramos en nuestro cerebro. En la medida de lo posible acumulamos la energía en nuestro cerebro.

Permanecemos sentados quietos y erguidos.

Acumulamos energía en nuestro cerebro. No permitimos ningún pensamiento. Nos centramos en nuestro cerebro para concentrar nuestras energías.

Vemos las energías agrupadas como un rayo guía. De nuestro cerebro emana un rayo de energía, o sea un rayo guía que dirigimos hacia nuestra primera imagen. La primera imagen es el punto focal, el primer plano.

No permitáis ningún pensamiento. Manteneos centrados en el punto focal, en la primera imagen.

El rayo guía, o rayo de energía, descompone el fondo de la imagen, es decir, lo que ocurre detrás de la imagen, las causas presentes en la imagen, que las hemos almacenado a menudo sin saberlo.

Permanecemos centrados en el punto focal «imagen» hasta que podamos reconocer los efectos de las causas que quizás pueden afectarnos en el

futuro. O aprendemos a reconocer en esta imagen lo que nos deparará el futuro.
A través de la focalización legítima, experimentamos pequeñas percepciones en nuestra existencia terrenal presente y futura.

Permaneced un momento centrados en el punto focal.
Leed los efectos que provienen de las causas.
Permaneced concentrados.
Anotad las experiencias y sucesos que se pudieron captar en la imagen.

Ahora hacemos lo mismo con la segunda imagen.
Tomamos nuestras notas de la segunda imagen e intentamos concentrarnos de nuevo.
Concentramos las energías en nuestro cerebro, orientándonos hacia nuestro cerebro.
Acumulamos energías en nuestro cerebro. No permitimos ningún pensamiento. Nos centramos en el cerebro para concentrar las energías.
Vemos las energías reunidas y concentradas como un rayo guía que dirigimos hacia nuestra

segunda imagen. La segunda imagen es de nuevo el punto focal como la primera.
Seguimos concentrados en la segunda imagen.

De nuevo, el rayo guía o energético de la imagen abre el fondo, es decir, lo que ocurre detrás de la imagen, las causas que están presentes en la imagen, que a menudo hemos almacenado sin saberlo.
Permanecemos centrados en el foco «imagen». Reconocemos en las causas los efectos que pueden afectarnos en el futuro. Captamos lo que nos deparará el futuro. Seguimos concentrados en nuestra imagen.

Lo que ahora experimentamos, son pequeñas percepciones de nuestra existencia terrenal presente y futura.
Si queréis, podéis haceros algunas notas de esto.

Tercer ejercicio

Tomamos una hoja escrita o abrimos un libro. Leemos lo que está escrito en la hoja o en la página del libro.

Ahora volvemos a concentrarnos, como en los primeros ejercicios.

Intentamos comprender el mensaje escrito en esas páginas o la respuesta que vale para nosotros.

Dejamos que las palabras resuenen en nuestro interior. Nuestro ser humano está en silencio. Nuestra mente, nuestro conocimiento, nuestro intelecto no está activo. No se le necesita.

Estamos en silencio y abiertos, pero sin esperar nada en particular. Nos tomamos tiempo para que la radiación del texto pueda fluir en nosotros y resonar y actuar en nuestro interior.

Manteneos concentrados. Tenéis tiempo.

*

El texto cobra vida en nuestra consciencia. En nuestro cerebro experimentamos el contenido de las palabras como una declaración verdadera y, eventualmente, como una respuesta para nuestra existencia personal.

Si mantenemos la concentración, experimentamos declaraciones cada vez más profundas, una riqueza de informaciones que posiblemente puede surgir de una página escrita o de la página de un libro.

Es bueno anotar estos reconocimientos usando palabras clave para comprobar si lo que hemos desglosado corresponde a los hechos.

De las páginas que leemos también pueden surgir imágenes que nos atraen personalmente y que podemos desglosar.
Si surgen imágenes o secuencias de imágenes, trabajemos con ellas de la siguiente manera:

Volvemos a orientarnos hacia nuestro cerebro para agrupar las energías cerebrales. Estas se reúnen en un rayo guía.

Seguimos concentrados. Sentimos que las energías se tensan y se unen.

Dirigimos la energía agrupada, el rayo guía, hacia nuestra imagen. La imagen es el punto focal.

Permanecemos concentrados en ella.

El rayo de energía divide la imagen. Miramos, por así decirlo, bajo la superficie de nuestra imagen.

Se revela lo que hay dentro de nuestra imagen, el trasfondo, las causas.

Seguimos concentrados.
La imagen es el punto focal de nuestro rayo de energía.

Captamos lo que hemos provocado. Al mismo tiempo nos damos cuenta de lo que de ello surgirá para nosotros. Reconocemos aspectos de nuestro futuro. Anotamos en palabras clave lo que nos irradia la imagen.

Tenemos que exigirnos a nosotros mismos, no solo durante estos ejercicios, sino día tras día, hora tras hora. Sin una concentración consciente de nuestras energías, o sea una actitud espiritualmente disciplinada, no avanzamos sino que retrocedemos. Si nos exigimos rendimiento, el cerebro no se desvía a la ociosidad y a otras cosas. «Rendimiento» no significa prisa, sino actividad consciente. Así nuestro trabajo será más variado; nos tornamos más vitales, más creativos, más productivos, lo que nos trae concentración y al mismo tiempo tranquilidad interna y externa. Así aprendemos a ser activos de forma equilibrada.

Focalizar significa, por tanto, desglosar las cosas, recibir ayuda y estímulo del estado de consciencia al que emitimos.

Esto no solo vale para el trabajo con nosotros mismos, sino también para conversar, para nuestras actividades, también para la respuesta de cartas y cosas parecidas.

Por medio de la concentración trabajamos también conscientes de la meta. Esto significa que rendimos más y mejor.

Vida consciente es vida en el Espíritu de Dios.

Cuanto más conscientes, recogidos y concentrados recorramos nuestros días terrenales, orientados a Dios, el Espíritu de la vida, más amplios serán el horizonte y la irradiación de nuestra consciencia. De esta manera, la obra de nuestras manos estará cada vez más plena de energía divina, y nuestra faena será una contribución para la formación de aquel potencial de energía del cual surge el Reino de Dios en la Tierra. Así nuestra vida terrenal puede ser provechosa para muchos –para nuestro prójimo, para nuestros hermanos los animales y para la madre Tierra.

Si practicamos el focalizar, esto puede ayudar a conseguir nuestra meta de hacernos más permeables a la irradiación de Dios para cumplir verdaderamente Su voluntad al dejarle que actúe a través de nosotros.

El egocentrismo provoca aislamiento; despreciamos a nuestro prójimo y al prójimo animal; somos pobres en comunicación. Esto es la muerte espiritual. Una vida espiritualmente disciplinada puede sacarnos de este callejón sin salida y conducirnos a la verdadera vida, que es la unidad. La unidad es la comunicación universal, la vinculación con toda la Creación de Dios. Unidad también significa vinculación con todas las personas y seres, conexión a través de la tarea, a través de la meta común más elevada o elevada.

La vinculación es impersonal. La vinculación hace feliz.

¡Aprovechad el tiempo valioso! Y si queréis encontrar el Cielo en vosotros, id por el camino al Cielo –él conduce al centro del corazón espiritual, al Padre

De una hora de enseñanza de Gabriele el 11 de marzo de 1988

Al comienzo de la reunión se leyó una frase de la manifestación de Cristo del 4 de marzo de 1988:

*«¿Dónde Me busca el ser humano?
Mientras la persona Me busque en el exterior, dudará de Mis palabras y no podrá comprender que la consciencia universal eterna, el Espíritu de Cristo, habla por boca de un ser humano.*

Pero quien vuelva su corazón hacia dentro y se haga consciente de que es un hijo del Reino de Dios, sentirá que las puertas del SER, la Existencia eterna, están abiertas, y que el amor del Padre en Cristo fluye a través de todos los reinos».

Gabriele explicó al respecto:

La primera breve frase ya nos dice tanto: *«¿Dónde Me busca el ser humano?»*.

¿Dónde Le buscamos? Diremos: «Buscamos a nuestro Señor en nuestro interior». ¡Qué fácil es decirlo! Si le buscásemos dentro de nosotros, estaríamos la mayor parte del tiempo en nuestro interior y lo externo ya no nos movería tanto. También sentiríamos el amor de Dios en nuestro prójimo, ya no lo descalificaríamos, sino que lo comprenderíamos. Practicaríamos la tolerancia y veríamos a nuestro prójimo como nuestro hermano o nuestra hermana que también lucha con sus defectos y debilidades. Así que debemos hacernos la pregunta ¿Dónde busca el ser humano a Dios? ¿Dónde Le buscamos nosotros?

Mientras miremos con envidia a nuestro prójimo, mientras no podamos perdonar a nuestro prójimo, en tanto no podamos pedir perdón, seremos personas superficiales interesadas por el mundo externo. Querremos que nuestro prójimo haga por nosotros lo que a nosotros nos falta. Querremos que él dé el primer paso, ¿por qué? Porque somos demasiado débiles para darlo nosotros. Queremos que nos diga palabras amables porque somos demasiado débiles para decir palabras afectuosas desde el interior. Desvalorizamos al prójimo para valorarnos a nosotros mismos, porque aún no hemos encontrado los valores internos. Pensamos en nosotros mismos y cultivamos nuestro ego, porque aún no hemos encontrado la grandeza de nuestro verdadero SER, el «soy un hijo de Dios». Hablamos de muchas cosas espirituales, tenemos conocimientos, pero ¿dónde está la sabiduría? Y así podríamos enumerar muchas cosas más.

Por tanto reconocemos que tenemos que vivir aún más en nuestro interior, tenemos que encontrar a Dios dentro de nosotros. Esto sucede esforzándonos por encontrar a Dios en nuestro prójimo. Debemos esforzarnos por ver el núcleo bueno en todas nuestras palabras, en todos nuestros impulsos e inclinaciones, porque no hay solo cosas negativas, en todo hay también algo positivo. Si nos alejamos de pensar en nosotros mismos y aprendemos a comprender a nuestro prójimo, ya no cultivaremos nuestro ego. Y si podemos rezar de corazón por nuestro prójimo, incluso por nuestros aparentes enemigos, nos acercamos más a Dios.

Desde lo más profundo de nuestra alma viene todo lo que es bueno, bello, noble y puro. Algunas cosas vienen de nuestra carga negativa; si estamos despiertos, las sentimos. Lo que viene de nuestra carga negativa nos inquieta. Empezamos a juzgar y a condenar, juzgamos y dudamos de muchas cosas. Pero lo que viene de la profundidad de nuestra alma nos hace callar. Solo duda quien no es capaz de encontrar lo bueno en todo lo que es. Duda de todo solo quien habla de Dios, pero que aún no ha experimentado a Dios. Solo rechaza y juzga aquel que se ama mucho a sí mismo.

¿Qué queremos hacer entonces si sabemos de estas cosas? Cada instante es un nuevo comienzo. Dios espera hasta que volvamos nuestros sentidos hacia el interior y Le veneremos en nuestro corazón y Le encontremos en nuestro prójimo.

Si movemos esta frase: «¿Dónde Me busca el ser humano?», automáticamente encontramos el camino hacia el interior. Cristo dice: «El Sermón de la Montaña es el camino a la casa del Padre».

Dejemos que esta frase se asiente en nuestro interior: «El Sermón de la Montaña es el camino a la casa del Padre». El Señor dice conforme al sentido: «En vuestras Biblias solo hay fragmentos del Sermón de la Montaña, pero si ponéis en práctica estos fragmentos del Sermón de la Montaña, reconoceréis en lo más profundo de vosotros que Yo, el Cristo, vuestro Redentor, os muestro el camino hacia el eterno SER, la Existencia eterna, hacia el Hogar eterno».

Cristo dice: Tú eres un ser humano. Para aprovechar cada momento de tu vida terrenal debes vivir conscientemente. Si vives conscientemente, sentirás cada momento, porque en cada momento está todo el SER.

¡En cada instante está todo el infinito!

¿Podemos captar esto? Es muy difícil para nosotros, y sin embargo escuchamos una y otra vez de la plenitud de Dios, porque Él ha puesto la totalidad en todo: en cada grano de arena, en cada mota de polvo está todo el universo, en cada momento está todo el infinito. ¿Cómo lo hacemos con los instantes de nuestra vida? Preguntémonos.

Cristo dijo: «*Hijos Míos, hijas Mías, tomar consciencia significa: Hazte consciente a cada instante de que eres un hijo, una hija de Dios, entonces poco a poco sentirás, pensarás, hablarás y actuarás de forma divina. No desperdicies los días*».

Él dijo: «*Mientras vosotros, hijos Míos, hijas Mías, no viváis conscientemente, estaréis espiritualmente muertos. Y los espiritualmente muertos no se reconocerán en el reino terrenal ni en el reino del alma, ni encontrarán su camino, porque solo conocen el mundo y no su Hogar*».

Nos convertimos en muertos espirituales a través de la incredulidad –y si no creemos, estamos constantemente orientados hacia el exterior y tenemos nuestro hogar en este mundo. ¿Dónde estaremos entonces como alma?

Estaremos allí donde nos atraiga la carga negativa de nuestra alma, nuestra forma de pensar y nuestra voluntad. Cada día preparamos nuestro propio lugar de permanencia de nuestra alma. Lo que pensamos hoy es donde estaremos mañana como alma. Como vivimos hoy es como viviremos mañana como alma. Si solo hemos disfrutado del mundo, como alma también estaremos donde estuvimos como ser humano.

Cristo manifestó además: «*Innumerables almas vagan por la Tierra y no encuentran su camino. Muchas de ellas ni siquiera saben que ya han abandonado su cuerpo terrenal*».

Cuando vemos con nuestros ojos físicos, solo nos vemos a nosotros mismos, pero no lo que ocurre en lo invisible, cuántas almas de diferentes épocas puede haber en ciertos casos a nuestro alrededor –porque ¿qué son 500 años en el Espíritu? Un alma puede vagar como sonámbula durante 500 años o más, solo en aquellas zonas que corresponden a su consciencia, a sus pensamientos y actos.

Los iguales se atraen. Si el alma está espiritualmente despierta, buscará de nuevo lo espiritual y se sentirá cómoda y en casa donde fluye lo espiritual. Si lo espiritual está encubierto, si hay incredulidad, el alma buscará a sus iguales en la Tierra o en los lugares de purificación.

Consideremos esto: Aquí en lo temporal, cuando estamos encarnados, todas las áreas de consciencia están juntas. Todos los niveles de consciencia –eso no existe en los ámbitos de purificación. Según sea nuestro modo de pensar, sentir y querer, somos automáticamente atraídos hacia el grupo que siente lo mismo, que piensa lo mismo y quiere lo mismo. Y por eso muchas almas tardan tanto en desarrollarse, porque apenas hay zonas de fricción dentro de estos grupos; ellos se complementan en su modo de pensar y actuar.

Dado que aquí tantos ámbitos de consciencia están juntos, sentimos que mutuamente nos rozamos en pensamientos y sentimientos. Esto significa que hay muchas áreas de fricción –uno tiene esta aura y tal opinión, el otro aquella aura y otra opinión. Y así tenemos que encontrar nuestro camino una y otra vez y en última instancia dirigirnos hacia el interior.

Aquí existe ciertamente también el peligro, especialmente en traje terrenal, de que de nuevo podamos cargarnos rápidamente debido a estas múltiples áreas de consciencia, pero Cristo está cerca de nosotros y además tiene lugar la gracia del Padre. Tenemos a nuestros espíritus guardianes, tenemos al Cristo de Dios, el Espíritu amonestador en nosotros, tenemos Su conducción. En el Más allá viene un ángel instructor, tal vez un ser de los ámbitos de preparación, que está cerca del muro de luz y enseña –lo que al grupo de almas afines no le interesa en absoluto, ellas ya tienen su «Cielo».

Y debido a los muchos aspectos de consciencia, en última instancia debemos preguntarnos una y otra vez: «¿Es importante para mí lo que estoy oyendo ahora? ¿Es correcto lo que digo ahora? ¿Es divino lo que estoy haciendo ahora?». En el Más allá se confirman a sí mismos hasta que los acontecimientos cósmicos surten efecto y sienten que la rueda de la reencarnación se mueve. Entonces ellos también empiezan a moverse, y luego se reanuda la intensa actividad de enseñanza de los seres espirituales y de las almas más evolucionadas –es decir, de seres de los niveles de preparación. Y luego, este grupo, cada uno en particular, cada alma en particular, es conducida a tomar una decisión: O te quedas en la rueda de la reencarnación, o aceptas y sigues evolucionando.

Nosotros seres humanos en traje terrenal no necesitamos esperar tanto: Cada día tenemos nuestros impulsos para dar la vuelta, en todo momento tenemos al Ayudante y Consejero interno en nosotros, el Espíritu, y tenemos a nuestros hermanos, cada hermano y hermana en un nivel de consciencia diferente, que también nos dan impulsos y que son espejos para nosotros.

Y sí lo vemos así, nos damos cuenta de que el hecho de ser humano es una misericordia. Y por eso Cristo dijo: *«¡Aprovecha cada instante!»*.

Las almas atadas a la Tierra viven en su llamado mundo de ensueño. Y si ahora pensamos en nuestros sueños: Mientras soñamos, eso es real para nosotros. Si viniera alguien y nos dijera en el sueño: «Estás soñando», diríamos: «¡No, no, esto es real!». Y así es como tenemos que imaginárnoslo: Ellos viven en su mundo de ensueño.

A menudo oímos del Espíritu de Dios aproximadamente lo siguiente: «Vosotros estáis una y otra vez nublados con vuestros pensamientos e ideas humanas».

¿No es también en lo temporal nuestro mundo de ensueño? Si vivimos en esta nubosidad de nuestro ego humano, solo pensamos en nosotros mismos, en lo que nos ocupa, en la persona que nos ocupa, no vemos más allá. ¿Por qué? Porque nuestra consciencia alcanza solo hasta allí.

Para poder salir de nuestro ego humano, tenemos que empezar por nosotros mismos. Tenemos que decirnos: «¡Basta ya! Ahora voy a controlar con qué frecuencia doy vueltas alrededor de mis propias preocupaciones, con qué frecuencia me muevo en el círculo de mi ego humano».

Solo entonces, cuando damos este paso, nos damos cuenta de que nuestra consciencia no va más allá. Es como una lámpara interior que solo brilla hasta cierto punto, y solo podemos ver hasta ese punto, y no más allá. Solo vemos nuestros deseos, solo vemos nuestra voluntad, solo vemos lo que poseemos, solo vemos que la siguiente persona debería disculparse. Solo cuando decimos: «Ahora tengo que empezar por mí mismo» y lo hacemos realidad, la luz se hace mayor y vemos más allá.

Si no aprovechamos el momento, sino que creemos que somos los mejores y que todos los demás son inferiores, estamos viviendo en nuestro mundo de ensueño. Si no podemos salir de este mundo de ensueño porque estamos cultivando nuestro ego, ¿qué tiene entonces que suceder?

Si somos conscientes de lo que pensamos, decimos y hacemos, con el tiempo experimentaremos lo que el Señor quiere decirnos y entonces también reconoceremos cuál es Su voluntad.

En el momento en que nos volvemos hacia las fuerzas positivas, en el momento en que decimos: «No, no voy a seguir así como ser humano, ahora tiene que pasar otra cosa, quiero vivir más positivamente», ya solo esta decisión consciente tiene un efecto inimaginable en el alma. Más aún, no solo en el alma, sino que lo que se ha grabado en los planetas empieza a cambiar gradualmente, lo oscuro se aclara, lo positivo se activa.

A cada momento recibimos la gracia del Padre. La gracia es ayuda, la gracia es protección, es guía. Y cuando estamos despiertos, sentimos la conducción y reconocemos a cada momento lo que debemos cambiar en nosotros para que nuestro interior se vuelva más ligero y resplandeciente. ¿Qué ocurre cuando interiormente nos volvemos más ligeros y luminosos, cómo nos sentimos entonces?

Nos sentimos libres, estamos muy por encima de lo humano y percibimos muy rápidamente cuando lo humano quiere entrar de nuevo en nosotros. Nos sentimos bien, estamos felices y alegres. ¿No queremos ser todos felices y alegres? ¿Qué nos ata? ¿Qué nos hace infelices, qué nos quita la alegría? A menudo son los pequeños pasos los que nos ayudan a avanzar. Cuando los damos, las cosas cambian y nos sentimos felices y alegres. ¿Qué es lo que nos hace infelices?

Por ejemplo, tenemos miedo porque nos sentimos solos, y cuando nos sentimos solos nos apegamos a personas y cosas; nos atamos y creemos que ahora ya no estamos solos. Pero ¿pueden las personas o las posesiones, la riqueza, un coche grande y muchas cosas más ayudarnos cuando enfermamos repentinamente, cuando nos ataca el destino? ¿Puede ayudarnos todo esto?

Por tanto, miedo y pensamientos bajos nos atan, la esperanza y la fe en Dios, nuestro Señor en Cristo, nos libera y nos hace libres.

También lo material nos ata, y cuanto más nos inclinamos hacia las cosas materiales, más difícil nos resulta volvernos hacia nuestro interior. Entonces surge el miedo, apenas podemos detener los pensamientos humanos. Estos nos cogen de sorpresa, nos asaltan y pueden llegar a atormentarnos. Quedamos atrapados como en un remolino y apenas podemos liberarnos de este torbellino de pensamientos humanos. Entonces tiene que haber una intervención en nuestra vida, y es que lo que hemos emitido interviene en nuestra vida para que podamos reaccionar, sea el destino, sea una enfermedad, sea una dificultad, sea soledad, tristeza. El destino interviene para que podamos reflexionar. Pero primero vienen señales: Por ejemplo, una enfermedad llega lentamente, el destino no llega de la noche a la mañana. La enfermedad y el destino, sea lo que sea, envían señales de advertencia. Y si reconocemos las señales y nos enmendamos mentalmente –en lugar de pensar en lo negativo y positivo–, de repente notamos que tenemos que dar el primer paso lo antes posible y pedir perdón a nuestro prójimo y perdonar. Poco a poco sentimos en nuestro interior que las cosas se van aclarando y nos damos cuenta de que algo que llamamos «destino» ha pasado de largo.

¿No hemos tenido a menudo la sensación de haber escapado a un golpe del destino que podría habernos causado grandes dificultades? Decimos: «¡Hemos tenido suerte!». Cuando decimos «¡Hemos tenido suerte!» –¿fue la advertencia, o un aspecto del destino pasó de largo porque cambiamos de opinión a tiempo? Todos estos numerosos incidentes con los que nos encontramos día tras día nos muestran quiénes somos, nos muestran que debemos recapacitar lo antes posible e incluso nos dan la oportunidad de buscar en nuestro interior y reconocer cómo debemos arrepentirnos, qué debemos hacer hoy para escapar de nuestras causas o solo tener que cargar con una parte de ellas.

Cristo también dijo aquí «Más de una persona tiene muchos conocimientos, pero poca sabiduría».

Si practicamos este conocimiento espiritual, obtendremos sabiduría.

Sabiduría significa libertad. El sabio no juzga, porque él es justo; el sabio no discute, aclara; el sabio no discute cuestiones de fe, él sabe. El sabio ve las cosas como son, no necesita preguntar cómo son, las ve y sabe al mismo tiempo.

Todo esto ocurre dentro de nosotros. ¿Qué tenemos que hacer para encontrar nuestro camino hacia el interior? Simplemente una palabra: practicarlo.

¿Es una palabra tan seria? Practicar da libertad, practicar es vida, el practicar nos acerca a Dios. ¿Qué nos impide hacerlo? Uno dice: «Nuestro ser humano», el otro dice: «A partir de hoy ¡nada más!».

Preguntémonos: ¿Seremos conducidos hasta allí hasta que reconozcamos y realicemos –o nuestra causa caerá sobre nosotros como un efecto y tendremos que soportar lo que hemos sembrado por no haber percibido estos muchos impulsos del día?

Llevemos el pensamiento con nosotros: ¿Amamos a Dios más que a nuestro yo humano? ¿Qué ocurre entonces cuando cambiamos de posición y decimos: «No, así no, querido ser humano, Dios es ahora el centro de mi vida» y nos esforzamos a cada momento por encontrarnos a nosotros mismos y rendir honor a Dios?

Lo que sucede entonces en nuestro interior es ahora inimaginable para nosotros. Practiquémoslo, recordémoslo: Amemos a Dios más que a nuestra persona. Y si lo mantenemos así, nos convertiremos en amor y, en el curso de nuestra peregrinación hacia lo divino, volveremos a ser divinos y la imagen fiel de nuestro Padre.

Siento que cuando hablamos del amor del Padre y decimos una y otra vez: «Dios es amor y quiero convertirme en amor», la vibración ya se eleva en nosotros y podemos deshacernos de nuestro ego humano mucho más rápidamente y acercarnos a nuestro prójimo y decirle palabras afectuosas altruistas, pedirle perdón y perdonarle.

Esto libera.

Comencemos a amar de forma abnegada y seremos felices, alegres y estaremos contentos, porque Dios se va acercando a nosotros.

Aprovechemos cada instante, así empezaremos a vivir verdadera y realmente.

Desarrollamos nuestra herencia divina

De una hora de enseñanza de Gabriele
sobre el Camino Interno a la Consciencia cósmica,
Peldaño de la Voluntad, en marzo de 2002

Nuestra herencia es aquello que Dios ha insuflado en nosotros, la vida. Es la esencia del infinito.

La esencia del infinito, que somos como seres puros es toda la radiación cósmica. Es la energía potenciada del infinito; es la esencia de todos los astros, la esencia de todos los reinos mineral, vegetal y animal. Es la esencia de todos los seres espirituales.

Esta es nuestra herencia.

El querubín de la Sabiduría divina nos enseña:

En el altruismo despierta la plenitud de Dios.

Esta plenitud es el amor del Padre, nuestra herencia.

Ser altruista significa ser imparcial, no favorecer a ninguna persona, teniendo siempre cuidado de elegir nuestras palabras confrontándolas con las legitimidades divinas dadas a nosotros en los Diez Mandamientos de Dios y en el Sermón de la Montaña de Jesús.

¿Qué significa para nosotros el Camino Interno? El Camino Interno significa peregrinar hacia dentro. Sí, ¿pero hacia dónde?

Una y otra vez oímos o leemos sobre las siete fuerzas básicas del Espíritu de Dios. Son las cuatro entidades de Dios –Orden, Voluntad, Sabiduría y Seriedad– y las tres cualidades de filiación –Amor, Bondad y Mansedumbre, también conocidas como Paciencia, Amor y Misericordia. Son en todos los casos las tres cualidades de filiación.

Vistas en su conjunto, las siete fuerzas básicas de Dios son la ley de la vida. Es el aliento de Dios, es el SER de Dios.

Las siete fuerzas básicas del Infinito también están contenidas en átomos espirituales. –Debo expresar con nuestras palabras lo que espiritualmente es lo más elevado y, por eso pido que captéis el significado:

O sea que se trata de átomos espirituales. El núcleo del átomo espiritual es Amor, Bondad y Mansedumbre; estas son las cualidades de filiación. En torno a este núcleo giran las fuerzas creadoras: Orden, Voluntad, Sabiduría y Seriedad. Este principio general en las siete fuerzas básicas, también conocidas como las cinco fuerzas originarias, es en última instancia nuestra herencia divina, es toda la Ley del Infinito que actúa en todos los ámbitos del SER, la Existencia eterna, en cada mineral, en cada planta, en cada animal. Es la Ley de los planetas espirituales, pero también la Ley en todos los planetas materiales.

¿Cómo se han constituido las fuerzas básicas para que nosotros, como seres divinos seamos seres perfectos, dotados de la herencia absoluta del SER?

Estas siete fuerzas básicas –también las llamo las cinco sustancias primarias o fuerzas primarias– se han desarrollado de la siguiente manera:

Dios, el Espíritu universal, el Dios Padre-Madre-, insufló Su energía en un átomo espiritual para convertirlo en un ser espiritual. Pensemos en esto:

¿Cómo se forma un niño en el seno de la madre? Mediante la procreación. El embrión crece, aún no es un bebé. En el curso de nueve meses, este embrión pasa por diferentes etapas con formas muy distintas, hasta que se cristaliza el lactante, que entonces nace.

Volvamos a nuestra herencia espiritual: el gran Espíritu insufló por tanto Su energía en un átomo espiritual, en una sustancia espiritual, podríamos decir en sentido figurado: Él engendró un ser espiritual. Este átomo, esta sustancia espiritual, comienza a reaccionar. Las fuerzas creadoras –Orden, Voluntad, Sabiduría y Seriedad– se vivifican, surge por ejemplo un mineral espiritual, una sustancia espiritual primaria, una sustancia portadora para el Reino de Dios. De la sustancia portadora que, por así decirlo, Dios ha fecundado, se desarrolla en los llamados ámbitos de desarrollo espirituales una sustancia mineral de la que se puede decir: De esta simple sustancia mineral se desarrolla finalmente un poderoso ser espiritual que contiene todas las fuerzas del SER. En poderosos ciclos de eones, que contienen ritmos, el mineral va madurando.

Una vez que el mineral ha pasado por todas las funciones ordenadoras del universo, pasa al siguiente peldaño de la existencia, es la forma vegetal. En la forma vegetal existen los más variados grados de desarrollo –grados de madurez– para que la forma vegetal absorba todas las fuerzas espirituales correspondientes del infinito. Cuando la forma vegetal ha desarrollado todas las fuerzas vegetales en su interior, solo entonces se produce el siguiente salto.

Luego pasa a la forma animal –siempre vista desde el lado espiritual. No podemos comparar nuestros animales terrenales con los animales espirituales, y sin embargo en cada animal está la gran entidad de desarrollo en Dios, en la que Dios ha inspirado, a partir de la cual se forma gradualmente el poderoso ser espiritual. Las formas animales también absorben todas las fuerzas en esta etapa de la evolución. La sustancia animal, que a su vez procede de Dios, atraviesa todas las formas del mundo animal.

El siguiente paso es el desprenderse de esta forma animal. Se desarrolla un ser natural, la etapa preliminar a la filiación. También los seres naturales tienen las formas más diversas, que a su vez llevan en sí todas las fuerzas, desde el Orden hasta la Sabiduría, así como las fuerzas de la Seriedad, de la sensatez.

La última fuerza creadora suprema se despliega en un ser natural. Un ser natural, por tanto, también tiene una gran variedad de formas. Cuando el ser natural ha madurado, es decir, cuando se acerca a la filiación de Dios, cuando ha pasado todas las formas en la Seriedad, en el principio de creación de la Seriedad, del ser natural se desarrolla un hijo espiritual.

Dos seres divinos, una pareja dual, se inclinan el uno hacia el otro como dos flores que se intercambian entre sí. El resultado es un gran capullo que los rodea a ambos. Este capullo atrae al ser natural que corresponde a su mentalidad y luego se funde en el ser natural. Todo lo que ha fluido de los dos seres espirituales –el principio donante y el principio receptor– en términos de fuerza vital y energía para el ser de la naturaleza, se desarrolla en el ser de la naturaleza como el hijo o la hija de esta pareja espiritual, llamada pareja dual.

Esto significa que la pareja dual, que vive en el principio del Amor, la Bondad y la Mansedumbre, en la Ley, atrajo al ser de la naturaleza correspondiente y transfirió las fuerzas Amor, Bondad y Mansedumbre al ser de la naturaleza de acuerdo con su mentalidad espiritual, por ejemplo, al principio del Amor, al principio de la Bondad, de la Mansedumbre, y estos principios son a su vez Orden, Voluntad, Sabiduría y Seriedad en los seres de Dios.

Ahora ha nacido un niño o una niña espiritual, y este niño o esta niña espiritual vuelve a pasar por todos los niveles, desde el Orden hasta la Mansedumbre, para como niño espiritual activar todas las fuerzas del SER, para absorber todas las fuerzas de la vida para estar activo de forma universalmente creativa. Una vez que este niño espiritual ha pasado por todos estos niveles celestiales, las siete fuerzas básicas, ha aprendido a activar todas las fuerzas más intensamente para aplicarlas como un ser divino maduro.

Palabras, ¿qué son las palabras? Las palabras son símbolos, las palabras son solo cáscaras, envolturas. Hay que acoger las palabras con el corazón, y así se puede comprender algo más.

Los seres humanos se han catapultado fuera de esta maravillosa ley de la vida. Crueldad en lugar de bondad, violencia en lugar de amor, intransigencia en vez de paciencia, indiferencia en lugar de seriedad, comportamiento intelectual en vez de inteligencia, voluntad propia en lugar de voluntad de Dios, desorden en vez de orden.

De este modo, cada ser humano ha creado su propia ley personal que lo ha personificado. Esto significa que la mayoría de las personas ya no viven en esta gran Ley universal del SER, que está dentro de ellas, en lo profundo de sus almas. Han ensombrecido su alma. Han ido contra la Ley, contra su propia herencia divina, contra las siete fuerzas básicas de la vida, han –como se dice– pecado. Y estos pecados, los grandes pecados, están contra la herencia divina, contra el Espíritu de Dios.

Puesto que todos nosotros habíamos desarrollado alguna vez la herencia divina, que son las siete fuerzas básicas, el SER primario eterno en la composición de los átomos espirituales. Así que nos hemos catapultado hacia fuera, hemos hecho nuestra propia ley, que, como ya se ha dicho, nos ha personificado.

Somos nuestro ego personalizado, pero en cada uno de nosotros habita un alma, y en el alma están las siete fuerzas básicas. En el alma, la fuerza central es Amor, Bondad y Mansedumbre; estas son las cualidades de filiación. Puesto que somos hijos e hijas de Dios –debo utilizar ahora la palabra «debo»–, tarde o temprano deberemos trabajar para volver a nuestra herencia espiritual, para volver a ser conscientemente hijos e hijas de Dios.

En otras palabras, debemos reconocer y aclarar nuestro desorden y permitir que prevalezca la ley del Orden. Debemos aprovechar las cuatro fuerzas de la Creación que, en última instancia, ya están en nosotros –Orden, Voluntad, Sabiduría y Seriedad–, reconociendo y reduciendo nuestro ego para recuperar las cualidades filiales del Amor, la Bondad y la Mansedumbre, de modo que podamos volver a ser los seres perfectos que somos en el fondo de nuestra alma.

De ahí el Camino Interno, el camino hacia el interior. En última instancia, es un trabajar en nosotros mismos, y nadie, ninguna persona y ninguna alma en los lugares de purificación puede evitar tomar este camino: deshacerse del desorden permitiendo que prevalezca el Orden de Dios; cuestionar nuestra voluntad propia, reconocer, arrepentirnos y purificarnos con el poder de nuestro Redentor Cristo y dejar de hacer lo que hemos provocado con nuestra voluntad propia, para que la entidad, la Voluntad, pueda volver a brillar. Nuestra pose intelectual no tiene nada que ver con la Inteligencia, con la Sabiduría de Dios. Pero aquí tenemos que examinarnos a nosotros mismos. Tenemos que volver a ser serios, volver a ser justos, es decir, escrutar todo lo que pensamos o hablamos o hacemos y compararlo con los Mandamientos de Dios y el Sermón de la Montaña de Jesús, es decir, las leyes de nuestra verdadera vida, nuestra herencia divina. Solo cuando hayamos desarrollado en gran medida las cuatro entidades, sentiremos lo que significa ser un ser espiritual –un ser de Dios o un hijo, una hija de Dios. Entonces nos sentiremos libres. Nos sentimos imparciales. Nos damos cuenta de lo que significa el altruismo. Sentimos lo que significa dar. Pero también sentimos lo que significa recibir, no querer, sino recibir.

Por lo tanto, el Camino Interno significa eliminar las sombras que hemos colocado sobre nuestra herencia espiritual, para que lo más intrínseco, nuestro verdadero SER, pueda emerger de nuevo.

Si actuamos contra los minerales, en cualquiera de sus formas, nos cargamos de culpa, porque tenemos la sustancia, la sustancia espiritual de los minerales, dentro de nosotros. Si pecamos contra la naturaleza, pecamos contra nuestra herencia divina. Si torturamos animales, los sacrificamos para consumirlos o hacemos que los sacrifiquen para consumirlos, pecamos contra nuestra herencia divina.

Toda violencia va contra el amor, contra nuestra herencia divina, como lo es toda brutalidad, todo odio, todo, también la indiferencia hacia las fuerzas de la Creación.

Si no somos serios, sino indiferentes, estamos de nuevo en contra de nuestra herencia divina, en contra del principio del Orden, de la Voluntad, la Sabiduría, la Justicia y, en última instancia, en contra de nuestro SER como hijo e hija de Dios, como hijos de Dios –en contra del Amor, la Bondad y la

Mansedumbre. En algún momento tenemos que desarrollar todo esto, de ahí la oferta del gran Espíritu a través de nuestro Redentor Cristo: el Camino Interno –¡Desarrolla tu herencia divina y sé conscientemente un hijo, una hija de Dios!

Queridos hermanos, queridas hermanas, por favor, no os apeguéis a las palabras –dejad que el corazón escuche, dejad que el corazón comprenda, y escuchad en vuestro interior lo que habéis recibido, porque algo se estará moviendo dentro de vosotros. No os aferréis a las palabras, sino captad el significado. Vuestro verdadero corazón, el corazón del alma, conoce todas las cosas que aquí se han expresado.

Lea también

Los Diez Mandamientos de DIOS y El Sermón de la Montaña de Jesús de Nazaret

Los Diez Mandamientos de Dios y el Sermón de la Montaña de Jesús de Nazaret en el fondo no tienen nada que ver con religión. Son extractos de la Ley eterna del amor a Dios y al prójimo, dados para toda persona, de forma independiente de cultura o nacionalidad.

Descubra también para su vida la oferta de Dios, el Espíritu Libre, para todos nosotros –los Diez Mandamientos de Dios y las enseñanzas del Sermón de la Montaña–, y aprenda cómo estas sencillas instrucciones para la vida pueden cambiar nuestra vida hacia lo positivo. Son el camino a la libertad y a la paz entre nosotros seres humanos y también con toda la Creación, con la naturaleza y los animales.

Lea las interpretaciones de los Diez Mandamientos, explicadas con palabras de la época actual, y profundícese en las explicaciones que Cristo mismo manifestó en las enseñanzas del Sermón de la Montaña, dadas por Gabriele, la profeta y enviada de Dios en nuestro tiempo.

116 págs., tapa dura, Nro. de pedido: S182es. ISBN 978-3-96446-022-6
224 págs., tapa blanda, Nro. de pedido: S182TBes. ISBN 978-3-96446-288-6

Esta es Mi Palabra

A *y* Ω

El Evangelio de Jesús

La manifestación de Cristo que los verdaderos cristianos han llegado a conocer en todo el mundo

Basándose en el «Evangelio de Jesús», un texto ya existente de un evangelio que está fuera de la Biblia, Cristo mismo manifestó –explicó, rectificó y profundizó– a través de Gabriele, la profeta y enviada del Reino Eterno, los hechos sobre Su vida y Su enseñanza siendo Jesús de Nazaret.

Del contenido: Infancia y juventud de Jesús • La falsificación de la enseñanza de Jesús de Nazaret en los últimos 2000 años • Sentido y finalidad de la vida en la Tierra • Jesús enseñó sobre la ley de Causa y efecto • Condiciones para la sanación del cuerpo • Jesús enseña sobre el matrimonio • El Sermón de la Montaña • Sobre la naturaleza de Dios • Dios no se enoja ni castiga • La enseñanza de la «condenación eterna» es burlarse de Dios • Jesús desenmascara a escribas y fariseos como hipócritas • Jesús amaba a los animales y luchó por ellos • Sobre la muerte, la reencarnación y la vida • El verdadero significado del acto redentor de Cristo y mucho más.

Tapa dura. 1059 págs., Nro. de pedido: S007es. ISBN 978-3-89446-011-0
El libro incluye un CD de audio con la Palabra Eterna del Reino de Dios: «*La llamada del Cristo de Dios*» y «*La aparición*», dada por Gabriele, la profeta de Dios en nuestro tiempo.

Tapa blanda. 1136 págs., Nro. de pedido: S007TBes.
ISBN 978-3-96446-365-4 (sin CD)
También como E-Book

La verdadera escuela es la vida

Horas de enseñanza de Gabriele, la profeta y enviada de Dios en nuestro tiempo

TOMO 1

Del contenido:

Se puede encontrar a Dios • ¿Qué es la verdadera felicidad? • El Dios que habla • Mantener la tranquilidad interna en cada situación • Tómate la libertad. ¡Libérate! – ¡Sé libre! • Prólogos y monólogos • La ley de la analogía • El subconsciente que nos hace enfermar y la vida • Ser una persona nueva. ¿Cómo sigo siendo fiel a mis propósitos? • El lenguaje del alma a través de las sensaciones y los estados de ánimo • El teléfono de Cristo. Una línea directa para «pedir» y «agradecer» • Aprende a vivir con la naturaleza y los animales, así aprendes a comprenderte mejor y también a tu prójimo • Aprender a amar, ganar libertad, ser feliz • Reencarnación y renacimiento en el Espíritu • La Redención en nosotros.

225 páginas, tapa blanda. ISBN 978-3-96446-436-1

Más información sobre las publicaciones:

Editorial Gabriele - La Palabra
Lehendakari Aguirre, nro. 11 - 1° - Dpto. 18,
48014 Bilbao (Bizkaia), España

www.editorialgabriele.com

www.ingramcontent.com/pod-product-compliance
Lightning Source LLC
LaVergne TN
LVHW021940220826
846092LV00010B/1183

* 9 7 8 3 9 6 4 4 6 5 8 8 7 *